心理学 A to B

[改訂版]

佐藤基治・大上 渉・一言英文・縄田健悟・箕浦有希久
共著

培風館

本書の無断複写は，著作権法上での例外を除き，禁じられています。
本書を複写される場合は，その都度当社の許諾を得てください。

はじめに

　心理学は新しく大学に入学した学生のみなさんにとって，興味深い授業の一つであるようだ．著者のうち4名が所属する大学では毎年約5,000名の入学者のうちの3,000名近くがいわゆる一般教養の心理学を履修している．大学で初めて登場する科目であることやテレビ番組などへの心理学者の出演が関心を持たせるのかもしれない．

　学生のみなさんの新鮮な興味や関心をもとに，大学で教育を受けた人間として恥ずかしくないレベルの心理学の知識，ものの見方，考え方を身に着けるような授業を工夫しているつもりではあるが，ちょっと注意をそらしている間に理解できなくなってしまう人がいるかと思えば，授業に物足りなさを感じる人もいる．講義ものの授業ではどうしても平均的なところに焦点を合わせてしまうので，そのような問題や不満が生じるのであろう．それを解消する手立ての一つとして本書を作成した．

　本書は前期15回と後期15回，合わせて30回の授業に対応する分量に絞り込み，また，なるべく日常生活での経験から話を始めた．本書に目を通し，講義を受講すれば確実に理解できることを意図したものである．そのため，取り上げることのできなかった領域や，みなさんの知的好奇心を駆り立てるとはわかっていながらも触れられなかった話題がいくつかある．それでも，宇宙や深海に並ぶフロンティアである『心』の世界の入り口から一歩踏み込んだくらいは紹介できたのではないかと考え，『心理学 A to B』とタイトルを付けた．いつの日か『心理学 A to Z』へと改訂する夢を抱いてのネーミングである．

　今回，新しい著者を迎えて，新しい情報を提供し，また，新しい工夫を講義に導入するために，6年ぶりの改訂を試みた．これは，初版の企画段階から辛抱強くお付き合いいただいた培風館の山本格氏と，編集部の近藤妙子氏の御尽力に負うところが大きい．ここに感謝の意を表したい．

2019年1月

著者一同

目 次

1章 心理学とは何か ― 1
1. 心理学とは何か　1
2. 科学としての心理学　2
3. 心理学史　2
4. 心理学の領域　9
5. 心理学研究における倫理規定　12
6. まとめ　12

2章 心理学研究法 ― 14
1. 心の法則性　14
2. 心理学の研究手法　15
3. 心理学の仮説検証　21
4. 心理データを統計的に扱う　23
5. 雑誌の"心理テスト"にみる心理測定法　25

3章 感覚と知覚 ― 28
1. 感覚と知覚の区別　29
2. 感　覚　29
3. 知　覚　34
4. まとめ　44

4章 記　憶 ― 46
1. 記憶のプロセス　46
2. 再生と再認　48
3. 記憶の心理的モデル：記憶の多重貯蔵モデル　49
4. 記憶の忘却と変容　56

5. 記憶の想起促進　61

5章 学　習 ——————————————— 65

1. 古典的条件づけ　66
2. 道具的条件づけ　69
3. 学習理論の傍流　76
4. 学習理論の応用：行動療法　78

6章 感　情 ——————————————— 82

1. 感情の心理学定義　83
2. 感情の古典的理論　83
3. 感情の近代理論　85
4. 感情の現代理論　90

7章 発　達 ——————————————— 96

1. 発達の原理　96
2. さまざまな側面の発達　98
3. 各発達段階の特徴　104
4. 発達障害　107

8章 パーソナリティ ——————————————— 110

1. パーソナリティとは何か　110
2. パーソナリティの類型論　112
3. パーソナリティの特性論　116
4. パーソナリティの状況論・相互作用論　121
5. パーソナリティの遺伝環境論争　124

9章 社会 — 131

1. 社会的認知　131
2. 社会的影響　135
3. 対人関係　139
4. 集団過程　140

10章 文化 — 147

1. 文化の定義　148
2. 文化による心理・行動の違い　153
3. 文化の原因と働き　157
4. 多文化間の心理　159

11章 犯罪心理学 — 163

1. 犯罪原因論　164
2. 捜査心理学　172
3. 矯正心理学　176

引用文献 — 183

索引 — 189

1章

心理学とは何か

> この章では，心理学の定義，歴史，さまざまな領域，方法について触れ，「心理学」に関する概略的な全体像を紹介する。「はじめに」でも触れたように，前期と後期を合わせた30回の講義で現代の心理学のすべての領域を取り扱うことは不可能であるので，この章で紹介する内容を参考にして，授業では割愛する領域にも関心をもってほしい。

1. 心理学とは何か

　あなたはこれまでにも幾度となく「心理学」という言葉を見聞きした覚えがあるだろう。新聞記事やテレビ番組で見かけることもあれば，図書館や書店で目にすることもあるだろう。「心理学」をキーワードに大学の図書館で蔵書検索をすると数千点，図書の通販サイトでは数万点の出版物が見つかる。そのように，見慣れた言葉ではあるが，改めて「心理学って何？」と問いかけてみると，なかなか明快な説明は見当たらない。

　「心理学」という言葉は明治初期から使われ，1875年には西 周 (にしあまね)がアメリ

カで出版された書物のタイトル"Mental Philosophy"を「心理学」と翻訳しているが，その後psychologyを「心理学」と翻訳するようになった。英語のPsychologyは，ギリシャ語で「魂」を表すpsychéに，「概念，意味，論理」などを意味するlogosに由来する接尾語-logyを付したものであり，16世紀初めから使われている。

『広辞苑第六版』（岩波書店）では，心理学とは「生物体の心の働き，もしくは行動を研究する学問」であり，「精神または精神現象についての学問として始まり，19世紀以後，物理学・生理学等の成果を基礎として実験的方法を取り入れ，実証的科学として確立した」とある。

『日本国語大辞典』（小学館）では，西周の「凡そ物理外の学は即ち心理学」という記述を根拠に，心理学とは「科学を二大別した場合の，自然科学に対する人文科学」という説明と，「生物体の意識の内面的な動きの過程や，経験的具体的な事実としての意識と行動とを研究する学問。古くは形而上学の内に含まれたが，19世紀以後は実験科学として考えられている。領域は発達心理，個人心理，集団心理，応用心理など多岐にわたっている」という説明がなされている。

2. 科学としての心理学

心理学にはさまざまな定義が存在するが，対象が「心の働きや行動」であることと「実証的な科学」であることは共通している。「心」そのものではなく「心の働き」や「行動」といった外部から観察可能なものが対象であり，それはさまざまな測定装置の開発とともに変化していく。科学は，自然現象の中に存在する理解可能な秩序，法則を発見し，自然現象の理解，予測，制御を行う。したがって，心理学は外部から観察可能な心の働きや行動を対象とし，その現象の理解と予測と制御を目的とする学問であるということができる。

3. 心理学史

あらゆる学問領域にはその学問の歴史である『学史』の授業が用意されて

いる。思いつくだけでも哲学史，政治学史，経済学史，物理学史など際限がない。学史の授業の意義を理解するヒントとして，「巨人の肩の上に立つ」という言葉がある。学問において，一人の人間にできることには限界があり，多くの研究の蓄積の上にしかそれは成り立たないということを意味する言葉である。ここでは，素朴で原始的な心理学に始まるこれまでの流れを紹介し，その中で現代の心理学の理解を深め，また，これからの心理学を展望する手がかりをつかむことを目的とする。

「心理学の過去は長い，しかし，その歴史は短い」この言葉はエビングハウス（Ebbinghaus, H.）がその著書『心理学要論』（1907）で用いたものであり，科学として確立する以前の心理学を「心理学の過去」，科学として確立してからの心理学を「心理学の歴史」として区別したものである。それに倣い，ここでも「心理学の過去」と「心理学の歴史」に分けて解説する。

（1） 心理学の過去

「心とは何か？」という素朴な疑問はさまざまなシーンで遭遇する。喜びや悲しみに際して，「自分の中に生じている何かしら暖かく弾むようなもの，あるいは冷たく重いもの，これはなんだろう。こころ？」とあなたはまだ幼いころに考えたかもしれない。幼児が「こころって何？」と考えるなら，太古の人間もそのように考えたかもしれない。イラク北部にあるシャニダール洞窟はアメリカの人類学者によって1950年代に調査されたが，そこでは6万年前のネアンデルタール人の骨とともに，遠く離れた場所から洞窟に運び込まれたムスカリやヤグルマギクの花粉が発見された。この洞窟は死者を埋葬したものと解釈されており，目を開けることのない遺体に対して花を手向けるのは，肉体とは別に花の色やにおいを感じ取ることのできるなにか，すなわち魂や心が存在するとネアンデルタール人が考えていた証であるとも考えられる。このことから6万年前の人間が「魂とは何か」「心とは何か」という素朴な心理学的な問いを発したであろうことは想像に難くない。

心や魂，精神に関するもっとも古い記述はアリストテレス（Aristotélēs）の"*De Anima*"であるとされている。初めて理論的に人間の心を考えようとしたプラトン（Platon）による人間を霊魂と身体に分けて考える心身二元

論とは異なり，身体活動の本源としての「心」が記述されている。

　近世になると精神に関するさまざまな考察が，哲学者たちによってなされている。近世哲学の祖と言われるデカルト（Descartes, R.）の心身二元論は，精神と物質を異なる実体であると考え，後の内観心理学や機械的行動心理学の先駆ともされるが，形而上学的な心理学であって，科学的な心理学とはかけ離れたものであった。デカルトらの大陸合理論の一方で，ホッブス（Hobbes, T.）とその後継者であるロック（Locke, J.），ヒューム（Hume, D.），ミル（Mill, J. S.）などのイギリス経験論の哲学者たちは感覚による経験を重視した。とりわけ，ロックは，「タブラ・ラーサ」としての心，すなわち人間の心はもともと白紙のようなもので，誕生後の経験によって，さまざまな観念が形成され，さらには観念同士が結びつき，観念の連合という現象が生じると考えた。後にこの考えは連合主義心理学へと発展した。

（2）　心理学成立の背景

　哲学の領域において精神あるいは心の働きに関する説明が展開される一方で，科学的な心理学を成立させる重要な背景として16世紀半ば以降に発達したヨーロッパ近代科学がある。ヨーロッパ近代科学とはケプラー（Kepler, J.），ガリレイ（Galilei, G），ニュートン（Newton, I.）らによってなされた経験的事実を統一的に説明しようとする自然科学の総称である。その中でも心理学と深い関連をもつものに，今日でも最小可知差異に関する「ウェーバー比」や感覚量と刺激量に関する「フェヒナーの法則」としてその名を残しているウェーバー（Weber, E. H.）やフェヒナー（Fechner, G. T.）による精神物理学，特殊神経エネルギー説を提唱したミュラー（Müller, J. P.）や3原色説や聴覚の共鳴説を提唱したヘルムホルツ（Helmholtz, H.）らの生理学，言語に関する脳の領域に名を残しているブローカ（Broca, P.）やウェルニッケ（Wernicke, C.）らによる脳の機能局在論，ダーウィン（Darwin, C. R.）による進化論などがある。

（3）　心理学の歴史

　哲学からの「心」へのアプローチや近代科学による実証主義，実験手法の

発達を背景にして，1879年ヴント（Wundt, W.）によってドイツのライプチッヒ大学哲学部に実験心理学のための世界最初の心理学研究室が開設された。エビングハウスはこのヴントの心理学研究室開設以降の心理学を，それ以前の形而上学的な心理学の「心理学の過去」と区別して，「心理学の歴史」とよんだ。

▶ 構成主義心理学と機能主義心理学

ヴントは，心理学は経験を対象とした科学であるとする立場に立つ。その研究法は，精神の内面を自分自身で観察する内観法を使用して，精神を観察し，分析することによって，その要素と構造を明らかにしようとするものであった。

ヴントによる心理学研究室の創設ののち，さまざまな心理学の理論・学説が現れた。オーストリアのブレンターノ（Brentano, F.）の「心理学は見たり聞いたりする心的作用そのものを対象とするものであって，その作用の対象とは区別すべきである」とする作用心理学をはじめとして，オーストリア学派，ウュルツブルク学派などがあらわれた。

1875年にアメリカで最初の心理学実験所を設立したジェームズ（James, W.）は，意識を分析的に研究するヴントの心理学に反対し，意識の流れそのものが心的実在であって，それを生物学的機能としてとらえることを提唱し，これは機能主義心理学とよばれている。その後，デューイ（Dewey, J.），キャッテル（Cattell, R.），ソーンダイク（Thorndike, E. L.）などの研究者に継承された。因みに後述するワトソン（Watson, J. B.）はデューイの教え子であり，機能主義心理学に行動主義心理学の萌芽があるということもできる。一方，1892年にコーネル大学に心理学実験室を作ったティチナー（Titchener, E.）は，意識を単純な要素に分解し，その要素が連合する法則を見つけ出したり，生理学的条件と結びつけたりすることが心理学の本質的な問題であると考える構成主義心理学を提唱した。

▶ 行動主義心理学

機能主義心理学やダーウィンの進化論，パヴロフ（Pavlov, I.）の条件反射説をもとに1910年代に，意識や主観的言語を排除し，「行動」から心理学を研究しようとする行動主義心理学をワトソン（Watson, J.）が提唱した。

ワトソンは「心理学は自然科学の一分野であり、その目標は行動の予測と統制にある」と考え、「心理学が純粋な科学となるためには、主観的な現象である意識を対象とするべきではなく、客観的測定が可能な行動のみを研究対象としなければならない」と主張した。行動を予測・統制するためには「刺激と反応の関係」における法則性を解明する必要があると考え、これはS-R説とよばれている。

その後1930年代にはハル（Hull, C.）、トールマン（Tolman, E.）、ガスリー（Guthrie, E.）、スキナー（Skinner, B.）らの新行動主義へと展開していく。

▶ ゲシュタルト心理学

アメリカで行動主義心理学が台頭してきたころ、ドイツにも新しい心理学が誕生した。ヴェルトハイマー（Wertheimer, M.）、ケーラー（Köhler, W.）、コフカ（Koffka, K.）に代表されるゲシュタルト心理学である。部分や要素の集合として精神を考えるヴントを中心とした要素主義を否定し、全体の特性が部分の特性を規定すること、部分の特性が変化しても全体の特性は保存されることなどを主張した。彼らは仮現運動やファイ現象、プレグナンツの原理、ゲシュタルト要因、知覚恒常性など知覚の領域での大きな貢献をした。また、ケーラーによるチンパンジーの洞察学習の研究のような学習心理学の領域、レヴィン（Lewin, K.）の集団力学に関する研究のような社会心理学の領域にも大きな影響を与えた。

▶ 精神分析

ウィーンの医者であったフロイト（Freud, S.）が、ヒステリー患者を自由連想法などによって治療をしていく中で到達した理論および心理療法が精神分析である。フロイトは人間の心は、意識、前意識、無意識の3層から成り立っていると考えた（図1-1）。イド（ID）は無意識層の中心的な機能であり、感情や性的な欲求、衝動をそのまま自我に伝え、欲望通りにふるまうべきだと主張する快楽原則に支配されている。超自我（SUPEREGO）は、道徳的な禁止機能を果たし、良心やルール、理性、道徳、倫理観などに従って、自己規制をすべきであると自我に伝える。自我（EGO）は意識層の中心であり、イドの要求、超自我からの自己規制、外界のルールを勘案して現

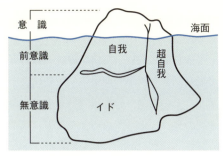

図1-1 氷山モデル
(氏原・杉原, 1998を一部改変)

実に適応させる機能をもつ。このような考えに基づいて, フロイトは心的現象に関してさまざまな説明をおこなっている。

(4) 現代心理学の展開
▶ 新行動主義

　ワトソンの行動主義は, 1940年代以降さまざまな修正を受けた。トールマンは, 行動を刺激と反応の結合関係 (S→R) だけで説明することは不可能であり, 生活体 (organism), すなわち人間や動物のさまざまな条件を, 媒介変数として考慮に入れなければならない (S→O→R) と考えた。さらに, 行動は目的をもった全体的なものであって, ワトソンがいうような物理的な性質や生理的な性質を基盤とする機械的なもの, 要素的なものではないこと, また, 媒介変数として, 要求などのほかにも認知やその他の意識心理学的な概念をも用いることを提案している。彼の研究は, 後の認知主義につながるものとされ, 彼のアプローチは, 目的論的行動主義とよばれている。

　生活体変数を媒介変数として用いることはハルにもみられるが, ハルは強化を中心的な原理とし, それに関係する媒介変数を求め, それを習慣強度や反応ポテンシャルという中性的な仮説構成体で表現した。

　スキナーは, 媒介変数を考えずに, オペラント行動 (生活体の自発的能動的行動) の条件づけ, すなわちオペラント条件づけの手法を用いて, 実験的行動分析を目ざして活発な研究活動を行った。このような研究の立場は新行

動主義とよばれている（詳しくは5章を参照）。

▶ 認知心理学

　前述したワトソンらの行動主義は，科学における観察可能性と論理実証性とを重視し，観察可能な刺激と反応の関係性の記述によってのみ行動を記述する研究姿勢を推奨し，その結果，行動主義は多くの現象を刺激と刺激，あるいは刺激と反応の間の連合によって説明することに成功をおさめた。しかし，20世紀の後半には，言語，思考，問題解決能力など，より高次な心的活動の説明に対して限界を示し始めた。こうした動向を背景として，直接には観察不可能な心的活動を研究する認知心理学が創設された。

　広義には認知心理学は，知的機能の解明にかかわる心理学の全般をさす。狭義の認知心理学は1950年代後半以降に情報科学の影響を受け，人間を一種の高次情報処理システムとみなす人間観に基づき，相互に関連する情報処理系を仮定し，そこにおいて実現される情報処理過程の解明によって，心的活動を理解しようとする心理学の一分野をさす。現在の認知心理学は，人工知能，言語学，哲学，社会学など「知」に関する学際的な領域や脳神経科学などとの連携のもとに発展しつつある。

（5）　日本の心理学の歴史

　アメリカのジョンズ・ホプキンズ大学でヴントの弟子ホールに学んだ元良勇次郎が1888年に帝国大学（現在の東京大学）で精神物理学の講義を始めた。同様にエール大学でヴントの弟子スクリプチュアーに学んだ元良の弟子の松本亦太郎は1903年には東京帝国大学，1907年には京都帝国大学に心理学実験室を設立し，また，数多くの大学で心理学の講義をおこなった。こうしてヴントの実験心理学が紹介され，日本の心理学の基盤が形成された。

　大正時代に隆盛であったヴントを源とする心理学は次第にゲシュタルト心理学にとってかわられ，高木貞二，佐久間鼎らによって第二次世界大戦前におけるもっとも一般的な学説となった。

　第二次世界大戦後になると急激にアメリカの心理学が流入してきた。新行動主義，社会心理学，臨床心理学が隆盛となり，一方，それまで強い影響力があったドイツの心理学は衰退し，イギリスやフランス語圏，旧ソ連などの

心理学が入ってくるようになった。

4. 心理学の領域

現代の心理学はさまざまな領域に分けられている。たとえば，日本心理学会では専門区分を，「知覚，生理，思考，学習，発達，教育，臨床，人格，犯罪，矯正，社会，産業，文化，方法，原理，歴史，一般」の17部門に分類している。アメリカで多く使用されている心理学の教科書では「生理心理学，認知心理学，発達心理学，社会心理学と人格心理学，臨床心理学とカウンセリング心理学，学校心理学と教育心理学，組織心理学と工学心理学」の7つを主要領域としているものや，「社会心理学，比較心理学，生物学的心理学，異常心理学，認知心理学，発達心理学」の6つを主要領域としているものがある。また，物理学，数学や経済学など，さまざまな学問が基礎領域と応用領域に二分されるのと同様に，心理学の研究領域も大きく基礎領域（基礎心理学）と応用領域（応用心理学）に分け，そのなかにさまざまな領域を割り振ることも多い。

（1） 基礎領域

基礎心理学は，行動やそれを支える心の働きについての基本的な問題，心理学における一般法則の研究を意味し，以下のような領域が含まれる。

認知心理学：広義には，知的機能の解明に関する心理学的研究全般をさすが，狭義には，人間を一種の高次情報処理システムとみなし，その情報処理過程を解明することによって，心的活動を理解しようとする1950年代以降に発展した心理学の一分野をさす。感覚心理学，知覚心理学，記憶心理学として別個の領域にすることもある（3章，4章参照）。

学習心理学：人や動物が経験を通して行動を変容させていく過程に関する研究を行う（5章参照）。

感情心理学：楽しさ，悲しさ，怒り，喜びのような，一般に「感情」とよばれる主観的な心的経験を研究対象とするものは感情心理学とよばれる。近年では神経心理学的観点，進化心理学的観点，さらには認知心理学的観点か

らのアプローチがなされている（6章参照）。

思考心理学：問題解決や推論などに関する研究を行う。

異常心理学：行動や人格に見られる異常を研究する。異常のなかには，病的障害としての異常と，正常者における例外的状態としての異常（催眠状態，薬物による幻覚など）が含まれる。

数理心理学：感覚，知覚，認知，学習など心理学の各領域における構造を数学的表現により理論化する。

動物心理学（比較心理学）：動物の行動の発生・変容・獲得・発達などの研究を行う。一般的には，人間以外の動物を対象とする。

発達心理学：時間経過にしたがって生じる精神的変化についての一般的な特徴や法則性を記述し，変化の要因について検討する。胎児心理学，乳幼児心理学，児童心理学，青年心理学，老人心理学が含まれる（7章参照）。

人格心理学：人格や性格を研究対象とした領域。パーソナリティ心理学ともいう。人格心理学では，普遍的な人格の特徴を捉える側面（法則定立的アプローチ）と，各人に特有の人格を記述する側面（個性記述的アプローチ）とがある。最近の人格心理学の研究の多くは法則定立的なものであり，個性記述的アプローチは，臨床心理学や精神医学において行われている（8章参照）。

社会心理学：個人とその社会的環境との間の相互的な影響関係を科学的に研究する。個人の心理過程から，対人的過程，集団内行動，集団間行動などを研究領域とする（9章参照）。

（2） 応用領域

応用心理学は，基礎心理学において得られた法則や知識を産業・政治・司法・教育・臨床などの実際の問題に役に立てることを目的としている。以下のような領域が含まれる。

産業・組織心理学：産業活動において生じる諸問題を心理学の知識と方法をもって解明していく。組織内で働く人々と組織環境との相互作用から，マーケティングリサーチまで，その研究の幅は広い。

教育心理学：人間形成に関する原理と方法について心理学的手法によって

解明する学問である。環境のあり方と個人の変容との有機的な関連を解明するという理論的側面と，教育の問題を解決するために必要な知識や技術を解明するという実践的側面とがあるが，この2側面はそれぞれ独立したものではなく，不可分のものである。

臨床心理学：心理学の知識・技法をベースとして，心理・行動面の障害の治療・援助，およびこれらの障害の予防，さらに人々の心理・行動面のより健全な向上を図ることをめざす心理学の一専門分野である。

文化心理学：人間の心的プロセスは社会的文化的産物であるという考えを基本に，社会学，文化人類学，歴史学，哲学などの学際的視点を取り入れ，心の解明を行おうとする立場であり，これは文化心理学とよばれている（10章参照）。

犯罪心理学：犯罪心理学には大きく分けて，①犯罪者の心理を分析する犯罪者心理学，②目撃者の信憑性や，裁判員，陪審員の評価に及ぼす心理的影響を研究する裁判心理学，③犯罪者の矯正のための心理技法等の研究をする矯正心理学の3分野がある。また，環境の面から，犯罪抑制の研究や，犯人逮捕に役立てる研究を行う環境犯罪心理学などもある（11章参照）。

災害心理学：災害に対する人間の心理的な反応や災害時の行動など，災害と人間心理の関係を研究する分野である。災害前後の心理的な状態を研究することで，災害の予防，人間的な要因の2次被害拡大の防止を目的とする。

スポーツ心理学：スポーツの構造と機能を心理学的に研究する。スポーツ心理学の内容として，スポーツと人間生活，スポーツの種類とその特性，スポーツの技能，スポーツ集団とリーダーシップ，観客の心理などの項目が含まれる。オリンピック出場選手などのメンタルトレーニングなどもこの分野に含まれる。

学校心理学：児童・生徒・学生の学習面と適応面に焦点を当て，学校教育場面において，心理学上の専門的な援助を行うための実践体系であり，その実践を支える学問体系である。

学校カウンセリング：学校において，学習面と適応面に焦点を合わせ，学校心理学，カウンセリングの理論や技法，あるいは臨床心理学などの知見を生かして，学校の教育活動を心理的・教育的に援助する。

5. 心理学研究における倫理規定

　現代ではあらゆる学問領域において研究倫理が明示されている。データを捏造してはならない，引用の出典を明記するなどの一般的な研究倫理のほかに，心理学には特有の研究倫理がある。研究対象者あるいは研究対象の動物に不必要な強いストレスを与えてはならず，それは研究上いかに重要なものであろうと倫理的に許されない。同意を得ずに研究対象者として研究に参加させてはならない，研究の目的やリスクを説明する，希望すればいつでも研究を中断できるなどといったことを説明するインフォームド・コンセントが必要である。研究上十分な事前説明ができないものは実験終了後に説明をするデブリーフィングを実施しなければならない。さらには，得られたデータはプライバシーの保護のために十分に管理することが必要である。研究者には研究で入手した個人情報に関する守秘義務があり，研究の公表に際しても個人情報の保護に留意しなければならない。

6. まとめ

　心理学の対象は，霊魂から意識へ，さらに外部から観察することのできる行動へと変化してきた。また，研究方法も，哲学的な思弁から自然科学的なものへと変化してきた。

　現代心理学の特色は，全体像としての人間行動の把握を目標とし，人間行動の基礎的理解と厳密化を行っている点，また，認知科学との連携，コンピュータ利用による研究方法の変化，応用的心理学領域の発展もまた特色である。

◀ 章末問題 ▶

1.1　エビングハウスは「心理学の過去は長い，しかし，その歴史は短い」という言葉を著書『心理学要論』に残しています。その意味を説明しなさい。

1.2　心理学の領域は大きく「基礎心理学」と「応用心理学」に2分割することができます。それぞれに含まれる領域とその概略を挙げ，その違いを明らかにしなさい。

◖**参考文献**◗

中島義明(編) (2005). 新・心理学の基礎知識　有斐閣

中島義明(編) (1999). 心理学辞典　有斐閣

Colman, A. M.／岡ノ谷一夫(編) (2004). 心理学辞典　丸善

Smith, E. E.／内田一成(監訳) (2005). ヒルガードの心理学　ブレーン出版

Eysenck, M. W.／白樫三四郎(監訳) (2008). アイゼンク教授の心理学ハンドブック　ナカニシヤ出版

サトウタツヤ・高砂美樹 (2003). 流れを読む心理学史：世界と日本の心理学　有斐閣

重野　純(編) (1994). 心理学（キーワードコレクション）　新曜社

2章 心理学研究法

> 1章でも触れたように，現在の心理学では，より客観的な測定と統計的分析に基づく科学的・実証的な研究方法を採用するようになった。本章では，心理学において心や行動をどのように測定し，どのように検証してくのか，その研究方法や分析方法を解説していく。

1. 心の法則性

　心理学とはどういった研究領域なのだろうか。心理学という文字を分解してみよう。「心」の「理」を「学」ぶと書いて心理学である。「理」とはことわり，すなわち原理やメカニズムをさす。つまり，心がどのような法則性で働くメカニズムも持っているのかを研究しているのが心理学だといえる。逆に言うと，人の心理や行動の法則性を扱っていれば，どのようなものも心理学で扱う研究だともいえる。
　ここで「法則性」という言葉が出てきた。物理法則であればボールを投げたときの軌道など比較的思い浮かべやすいだろう。しかし，「心の法則性」というのは少し想像しにくいかもしれない。たとえば，次の例を見てみよう。

【例1】　　　　　　　　【例2】
図2-1　電車での着席行動に見る心の法則性

電車の座席に座ろうとしたところ，長座席の左端に既に人が座っていたという場面である（例1）。座る場所の選択肢としてA，B，Cの3つがあるときに読者の皆さんはどこに座るだろうか。図2-1を見て選んでいただきたいのだが，多くの人はCだと回答したのではないだろうか。実際に，私が心理学の授業で学生に尋ねたときに9割以上の学生がCを選ぶ。では，パターンを変えて，例2の場合はA，B，Cのどこに座るだろうか。今度はほとんどの学生がBを選ぶ。

　ここから言えることとして，1つ目にもちろん人間は一人ひとり異なっている一方で，人間には共通の心理傾向・行動傾向があり，場面ごとに人間が考えることは実は似ている点が数多くあることである。そして2つ目に，そうした心理傾向・行動傾向の背後にはさまざまな理由やメカニズムが隠れている。この場面では「人は他人に近づきすぎないよう離れて座る」という法則性が考えられる。ここでは電車の座席の着席行動を例にあげたが，多種多様な人間の心と行動に関する法則性を実験や調査によって解明しているのが心理学だといえる。

2．心理学の研究手法

　誰しもが自分自身の心をもっているために，それを調べればすぐに人の心は解き明かせると思うかもしれない。しかし，むしろ心理学の研究で解明してきたのは，人間の判断や記憶などの認知もさまざまな形で歪んでいるということである。また，人は自分自身の心や行動であっても，それを明確に意

識できていないことも多い。つまり、自分のことでも人間は間違えて捉えることがある。

また、他人を見る目も歪んでいることが多い。人間の心理や行動に世間的な常識を当てはめて理解しようとすると、実際には間違いであるというケースも多くある。たとえば、日本では血液型と性格に関連があるという俗説が広く信じられており、多くの日本人が「○型の人は○○な性格だ」と信じ切っていることも多い。しかし、それは全くの勘違いであり、信頼のある統計を用いた心理学の実証的研究では、血液型と性格には関連が見られず、無関係である可能性が非常に高いことが示されてきた。

プロの心理学研究者でさえ「思い込み」から自由ではなく、誤った人の見方をしてしまうことが当然あり得る。だからこそ、人間の心理や行動を解明していくためには、俗説や直観に踊らされず、客観的にデータを取って、検証することが重要だというのが心理学の基本的な考え方である。これは**実証主義**とよばれ、心理学が基本的な土台としている考え方である。

人の心は直接目に見えない。人間の心を科学の立場からデータに基づいて解明していくためには、まずはこの「見えない心」を目に見えるデータとして抽出することが必要となる。心理学では、次のようなさまざまな検証手法を用いて、心を目に見えるデータとして抽出し、検証している。それぞれ見ていこう。

(1) 実験法

実験法は、設定された場面や刺激に対する行動や反応を測定するといった研究法である。参加者には、厳密な統制がなされた実験室に来てもらい、実験を受けてもらう。もしくは、現実場面でのフィールドでの行動を用いる場合もある。実験の手続きとしては、仮説に基づいて、原因となる変数を実験条件として操作する。そして、その操作の結果、実際に結果としての行動に違いが見られたか検討していく。

たとえば、「小学生において音楽を聴きながら勉強することがテスト成績を伸ばすかどうかを検証する」という実験を例にあげよう（**図 2-2**）。

ここでは、60 人の小学生に実験に参加してもらい、半分の 30 人ずつへと、

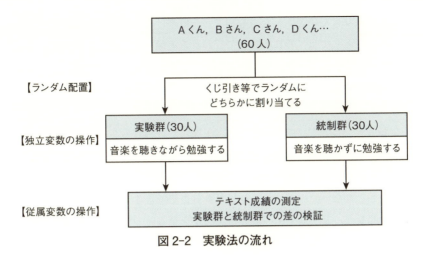

図 2-2　実験法の流れ

　くじ引きやコイントスなどによりランダムに実験群と統制群に振り分ける。実験群に割り当てられた 30 人には，実験室に来てもらい，BGM として音楽を流しながら 2 時間の勉強をしてもらう。それに対して，統制群の 30 人には，同じ部屋で 2 時間，音楽なしで勉強してもらう。その後，テストを受けてもらい，成績を測定する。このテスト成績に違いが見られるかを検証し，もしも実験群のほうが統制群よりも平均値が高い成績を示していれば，「音楽を聴きながら勉強をすると成績が高くなる」ことが示される。逆に，実験群と統制群で成績に違いが無いならば，「音楽を聴きながら勉強をしても成績は変わらない」ということになる。ここでは 2 群の比較を紹介したが，仮説次第でより複雑で複数の群間の比較を行うこともある。

　実験法の利点としては，因果を直接検討できることがあげられる。参加者は実験条件にくじ引きなどで無作為（ランダム）に割り当てられる。そのため，もちろん実験群，統制群のどちらの群の中にも個人差は存在する。しかし，割り当てた段階での実験群と統制群の平均値を見たときには，誤差の範囲内の違いしかない。そこで，条件操作後にもしも実験群と統制群に違いが見られれば，それは条件操作が原因で引き起こされたものだと解釈できる。つまり，原因と結果の関係が直接的に検証できるのが実験法の最大の意義である。また，実際の生身の人間行動を検討できること，自己報告による勘違

いや嘘が入りにくいといった点も利点として挙げられる。それに対して，実験法の欠点としては，特に実験室で行われる実験では，人工的な実験室環境と実際の現実社会での人間行動は異なる可能性があることが挙げられる。また，結婚や殺人など，実験室では行わせることのできない行動を扱うことはできない。

なお，テレビのドッキリ番組では"実験"が行われることがある。たとえば「もしも夫が多額の借金を背負ったことを告げたら，妻はどう反応するのか？」といった番組企画である。心理学のものと類似しているように感じられるかもしれない。確かに，テレビだからこそできることもある。役者と舞台の手配など，リアリティの高い状況設定を見ると，さすがテレビは上手だと感心することもある。ただし，次の点で心理学実験とは厳密さが異なっている。まず，データ数が少ない。標本数が少ないため，多くの人に共通するような法則性を見出すのが困難である。また，条件設定がなく，統制条件が無いものがほとんどである。そのため，比較が行われていないことは厳密な理解を損ねる点である。また，番組での面白さを重視するために，状況の統制が取れておらず，人によって状況がさまざまに異なることが多い。このようにテレビ"実験"は確かに興味深いのだが，厳密さには欠けるものが多い。

(2) 質問紙法

　質問紙法では，文章で書かれた質問に対して，当人がどのような心理・行動であるかを自己報告で回答してもらう。いわゆる「アンケート」を用いた研究法である。質問紙法による調査の手続きでは，まず，関連があると考えられる変数Aと変数Bを質問項目で尋ねて回答してもらい，その変数Aと変数Bの得点の間に統計的な関連が見られるかを検討するというのが大まかな手続きとなる。

　特に，自尊心，幸福感，モチベーションといった心理概念を測定する際には，当人の心理状態を適切に測定する際に，類似した内容の複数項目を重ねて尋ねて，その平均値を指標とすることが多い。これは心理尺度とよばれる。

　質問紙の利点としては，文字を読んで理解することができる人が対象であれば，多数の人から協力を得ることが可能である点があげられる。統計解析

の視点ではデータ数は多いほど望ましい。質問紙は簡便に実施できるため，多くの質問を尋ねることで，多くの側面の心理変数を一度に測定できる点も利点となる。

　欠点として，一度限りの調査では，相関関係はわかっても，それが因果関係（原因と結果の関係）にあるのかはわからない点が挙げられる。つまり，「変数Aが高いほど，変数Bが高い」からといって，「変数Aを増やせば，変数Bが増える」とは限らない。これは相関研究全般の特性として留意すべき点である。また，質問紙では，自分で自分の内面を回答してもらうという自己報告に依存する。そのため，自分でも意識していない非意識的な側面はうまく回答してもらえないことや，自分で自分のことを勘違いしていることで回答にバイアス（偏り）が生じることがある。また，万引きをしたことがあるかといった反社会的な側面や恥ずかしいことは，たとえ匿名での調査だと伝えていても，正直に答えてもらいづらいことが挙げられる。

　なお，質問「紙」と慣例でよばれているが近年は，インターネット上に作成した調査票にパソコンやスマートフォンから回答してもらう形式の研究が増加している。インターネットの調査票は，回答者に応じたカスタマイズ性に優れている。たとえば，未回答の質問項目に対してアラートで指摘をしたり，質問の順序を回答者ごとにランダムに提示するように設定したりといったことが可能となる。紙の質問紙では測定できない回答時間やマウスの動きなどを記録することも可能である。また，紙の質問紙では，統計分析を統計ソフトで行うために回答データのPCへの手入力が必要となるが，インターネット上での回答であれば自動で記録されるため，簡単に統計ソフトにコピーすることができ，とても省力化できる点も利点である。

（3）面接法

　本人へと口頭で質問を行い，口頭で回答してもらうのが，面接法である。いわゆる「インタビュー」である。書き言葉で尋ねる質問紙と比べると，口頭でやり取りを行う面接法では，場面に応じて自由にやり取りを行うことが可能となる。会話の中で信頼感（ラポール）が形成されることで，実験や質問紙よりも，より積極的に正直な心情や実情を話してくれることもある。質

問項目をあらかじめ設定しておき，その回答を記録する方法は構造化面接とよばれる．それに対して，大まかな質問だけを設定した上で，会話の流れに任せて，話を聞き出していくのが非構造化面接である．その中間が半構造化面接とよばれる．

定量的な実証研究としては，数量データを収集する実証研究の前段階として面接法は用いられることが多い．ただし，近年ではグラウンデッドセオリーアプローチなどの標準化した手法を用いて，面接で得られた情報を整理・統合していく研究も増えている．また，テキストマイニングなどの文字起こしした言葉の情報を統計的に解析する手法が発展することによって，会話内容を統計的に分析することも可能となってきた．

(4) 観察法

質問紙で尋ねても，本人自身がうまく自覚できておらず，質問で尋ねても的確に回答してもらうことが困難である場合，もしくは実験で検証できるような明瞭な仮説を研究者側がもっていない場合に，観察法が用いられることが多い．観察法では，現実の日常場面での振舞い，もしくは統制された実験室での振舞いをつぶさに観察する．最近は，ビデオカメラで動画を撮影し，記録・保存することも多い．その際には，もちろん本人から許可を得る必要がある．また，ビデオで見られていることが強く意識されてしまうと，日常とは異なる振舞いを見せる可能性がある．主に，定量化や仮説検証の前段階として用いられることが多い．もしくは，ビデオで撮影した行動をコーディング・カウンティングすることで心理・行動を定量的に扱う研究もある．

(5) アーカイブデータ分析

新聞記事や官公庁などの社会統計，気象庁の天候データなどのアーカイブ（保存記録）されたデータを数量化し分析するのがアーカイブデータ分析である．たとえば，新聞記事で報告された犯罪事件の記事を検索システムですべて抽出し，その犯罪事件の特徴を統計的に分類・整理するといった犯罪心理学的研究が挙げられる．

特に，現代では官公庁統計など公的なもののみならず，コンビニエンスス

トアやネットショッピングの購入記録，社内の会議の議事録，twitter などのSNSへの書き込み投稿など多くの情報が，膨大なデータ（ビッグデータ）としてデジタル化され，自動的に記録・蓄積されている。こうしたデータはもともと研究目的で蓄積されたものではないために，データの扱いには十分に気をつけなくてはならないが，これを統計学的に解析することで，人間の心理・行動の理解が進むことが期待できる。

3. 心理学の仮説検証

（1） 変数とデータ

　まず，変数とデータに関して確認しよう。「変数」とは，測定対象に関する属性や特性を表すものであり，個人や状況によってさまざまな値をとる。たとえば，身長，性別，所属大学，外向性，攻撃性，友達の数などは，すべて変数である。その変数に対して収集された数値を「データ」とよぶ。たとえば，「身長」という変数に対して，Aさんは「170 cm」がデータとなる。統計解析で扱えるのは，数値化可能なものに限られる。研究のテーマや目的に応じて設定した「仮説」を検証するために，必要な「変数」を測定する「データ」を収集していく。このように複数の変数に関するデータを多くの人から収集し，統計的に解析することで，心理学の研究は行われる。

（2） 独立変数と従属変数

　データを収集する際には，事前に仮説を設定する。このときの仮説の基本的なものは，「Xの変化によって，Yが変化する」というものだ。明確な因果とは言えなくとも，因果を想定することも多い。このとき，原因側を想定した説明する側の変数を「**独立変数**」，結果側を想定した説明される方の変数を「**従属変数**」とよぶ。

　ひとつの変数が，ある変数に対しては独立変数となり，他の変数に対しては従属変数となることもある。たとえば，「パーソナリティが非行行動を引き起こす」という仮説であれば，パーソナリティは原因側，つまり独立変数である。それに対して，「幼少期の親の養育態度がパーソナリティに影響す

る」という仮説であればパーソナリティは結果側，つまり従属変数である。このようにどの変数が独立変数になり，どの変数が従属変数になるかは仮説の設定の仕方による。

（3） 構成概念と仮説検証

　心は目に見えない。したがって，何らかの形で可視化しないといけない。心理学の仮説は目に見えない心理的概念どうしの関連性を検討することが多い。たとえば，不安や共感性，攻撃性といったものである。こうした直接は目に見えない心理的概念を構成概念とよぶ。こうした構成概念を現実世界のさまざまな心理・行動といった目に見える観察変数から測定を行っていく。たとえば，シャクター（Schachter, S.）の実験を例に見ていこう（図2-3）。実験では，「不安が高まると，親和傾向（他者と一緒にいたい気持ち）が強くなる」という仮説を検証した。ここでは，「不安」と「親和傾向」が構成概念である。この実験では，実験参加者に「痛い電気ショックが与えられる」と伝えた上で，一人部屋で待つか，他者と一緒の部屋で待つかを尋ねた。ここでは「不安」の観測変数が「『痛い電気ショックが与えられる』と聞かされる」ことであり，また「親和傾向」の観測変数は「他者と一緒に待つかどうか」であった。このように，心理学では目に見えない構成概念を設定した上で，それを目に見えて測定もしくは操作可能な観測変数として扱って検証を行っていく。

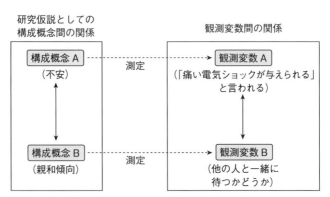

図2-3　構成概念と観測変数の関係性

4. 心理データを統計的に扱う

　では，心理学におけるデータの統計分析はどのように行われるのか。心理学研究法の発展，またコンピュータと統計解析ソフトウェアの発展に伴い，現代の心理学研究では，厳密でより妥当性の高い，高度で複雑な統計解析が用いられることが増えている。そのため，最近の心理学の論文で使われる統計技法は，初学者では理解が容易ではない。しかし，基本的な統計解析の考え方はシンプルなものである。まずは，標本の記述統計を見ることが最初の一歩である。次に，得られたデータに対して，比較と関連性の検討が基本的な考え方となる。

▶ 標本の記述統計

　得られたデータ自体は，数値の集まりである。200人の回答であれば，200個の数値がある。しかし，この数値の羅列から，200人の全体傾向を読み取るのは難しい。そこで，この200個の数値をさまざまな形で要約していくことが必要となる。まず，度数分布を算出し，データがどの範囲にどのくらい存在するのかを把握することが行われる。たとえば，テスト成績として，何点台の生徒が多いのか，90点以上はどのくらいいるのかといった情報がここからわかる。次に，この200人を代表的な一つの値で示す。これは代表値とよばれる。代表値としては，平均値が最もよく用いられる。データの種類によっては，最頻値（最も多くの人がとっている値）や中央値（データを小さい順に並べたときに中央順位になる値）が用いられる。また，カテゴリーデータでは比率（男女比，罹患率など）を見ることもある。

　また，データの散らばり度合いも理解のためには重要である。同じ平均60点のテストでも，0点から100点までデータの散らばりが大きい場合と，50点から70点の狭い範囲にほとんどの人が入る，データの散らばりが小さい場合とでは性質が異なる。データの散らばり度合いは標準偏差（SD）として示されることが多い。

▶ 比　較

　たとえば，日本の大学生の幸福感が高いかどうかを検証するとしよう。そのときには，大学生のみの幸福感を測定しても，それが高いか低いかはわか

らない。それと比べる，たとえば同年代の非大学生や，もしくは他の年代の人，さらには日本以外の大学生と比較しないとわからない。つまり，「Aが○○である」という主張は，何か他の「BやCよりも」といった比較の形でしか検証することはできない。

先に述べたとおり，特に，実験研究では，実験群と統制群で違いがあるかを比較する形で検証していく。調査法でも，たとえば，男性と女性，文系と理系，塾に通っているかどうかによって，成績や幸福感がどう違うかを検証することができる。このように，「AとBで○○の程度を比較する」という手法は実証研究のもっとも基本的な考え方である。

このとき平均値の差の検定を行うことになるが，2標本の比較を行う場合には，t検定を用いる。3標本以上の比較を行う場合には，分散分析という手法を用いることが多い。

▶関連性

関連性を検証する際には，相関関係の検討が基本的な考え方となる。相関分析では，「Aが高いほど，Bが高い（もしくは低い）」という関連が見られるかを検証してく。たとえば，「1週間の運動時間が長いほど，幸福感が高い」という仮説を検証するときには，各個人からA「1週間の運動時間」と，B「幸福感」の程度をそれぞれ測定し，「Aが高い人ほどBが高い／低い」という関係が見られるか，もしくは見られないかを統計的に分析するという手法を取る。相関関係の強さは，相関係数（r）を算出して検討を行う。相関係数は－1から＋1までの値を取り，0だと無関連であり，関連が強くなるほど±1に近づいていく。正の関連性（Aが高いほど，Bが高い）ではプラスの値となり，負の関連性（Aが高いほど，Bが低い）ではマイナスの値となる。散布図と相関係数の関連性を図2-4にまとめた。散布図とは，X軸とY軸にそれぞれ別の量をとり，一人ひとりのデータが当てはまるところに点を打って示す図のことである。正の関連性では右肩上がりの散布図が確認できる。直線の近くに集まっているほど2変数間の相関係数は高くなり，相関係数が低いときには，丸い散布図となる。相関係数が大きくなるほど，明瞭な右肩上がりの関連が確認できるだろう。

さらに3つ以上の変数間の複雑な関連性を検討することも可能である。こ

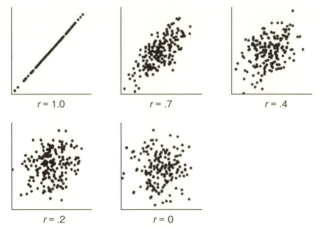
図 2-4　散布図と相関係数の対応関係 (南風原, 2002)

れは多変量解析とよばれる。心理学では，重回帰分析や構造方程式モデリング（SEM）が用いられることが多い。特に，質問紙調査では，多くの変数を一度に収集できるため，複数変数を同時に扱うことのである多変量解析は重要な研究手法として広く用いられる分析手法である。

5. 雑誌の"心理テスト"にみる心理測定法

　雑誌やテレビで次のような"心理テスト"を見たことはないだろうか。「まず，実のついたリンゴの木を頭の中に思い描いてください。そこにはリンゴの実が何個なっていましたか？　そのリンゴの実の数が，あなたが一度に付き合いたいと思っている恋人の人数を表しています」といったものである。これは筆者が作成した架空の例であるが，なんとなく自分では気づかない深層心理を言い当てているような気がして，友人と話題にして盛り上がった経験がある人も多いだろう。

　こうした心理テストは，世間の雑誌やテレビに溢れているが，これは学術的な心理学の研究で行われている心理テスト（心理測定法）とは大きく異なっている。

　学術的な心理測定法は「心のものさし」を目ざしている。繰り返しになる

が，現在の心理学の主流は科学としての心理学である。科学として実証的に研究を行うためには，正しく測定をしないといけない。人間の重さを測定する場合には体重計を使う。人間の心臓の鼓動を測定するためには心電計を使う。同じように，人間の心理状態を正確に測るために「心理測定」を行うのである。

正確な心理測定においては，妥当性と信頼性の2つを満たすことが非常に重要となる。

▶妥当性

妥当性とは本当に測りたい概念の中核を的確に測定できているかということである。たとえば，「時間厳守の程度」を測る自己報告式の質問紙を作るとしよう。ここで「バナナが好きである」かどうかを聞いても的外れになるだろう。バナナの好みに時間厳守は反映されないと考えられるためだ。そうであれば，「遅刻はほとんどしない」「集合時間には5分前には到着したい」といった時間厳守する人なら「確かに当てはまる」と回答してもらえるような質問項目を尋ねることで時間を厳守している人かどうかという概念の中核部分を適切に測れると考えられる。

▶信頼性

信頼性とは，何度測っても同じ結果が得られることをさす。つまり，測定の安定性のことである。体重計を考えてみよう。測定上の少しの誤差があるとはいえ，体重が同じである限り，体重計は何度測っても毎回ほぼ同じ数値が測定される。測るたびに40kgだったり60kgだったりしたら，この体重計の測定結果は当てにならないだろう。

心理測定法も考え方は同じである。たとえば，100点満点で「誠実さ」を測る性格検査があるとしよう。Aさんの検査結果が，1回目では90点。2回目では20点，3回目では65点という結果が得られたとしよう。Aさんの性格が同じである限り，このような得点の極端な上下があったとき，この性格検査の結果は当てにならない。心理測定法においても，もちろん若干の誤差はどうしても付きまとうのだが，基本的には安定したブレの無い測定ができることが必要である。

さて，ここで先ほどの雑誌の"心理テスト"を改めて，妥当性と信頼性の観

点から，学術的な心理測定法の要件を満たしているのかを再度考えてみよう。

まず，妥当性から考えよう。雑誌の"心理テスト"が概念の中核部分を適切に測れているとは考えにくいだろう。たとえば，先に例にあげたような，「思い浮かべた木になったリンゴの実の数」と「一度に付き合いたい恋人の人数」が本当に一致するのか。これまでの心理学の知見からもそのような関連性が見られるとは考えにくく，おそらく当たらないだろう。どうしてもこれが妥当であると主張するならば，実際にこの一致が成立すること自体を確認した上で用いる必要がある。

次に，信頼性から考えよう。先の例「思い浮かべた木になったリンゴの実の数」であるが，はたして何回繰り返しても同じ数のリンゴの数を思い浮かべるだろうか。尋ねられるたびに，毎回異なる数字を思い浮かべるということは無いだろうか。体重が同じ限りで，体重計が毎回ほぼ同じ数値を示さないと問題であるのと同様に，毎回違う数値を思い浮かべてしまうような心理測定の方法は問題となるのである。

正しいかどうかも確認できない深層心理を言い当てる雑誌の"心理テスト"は占いの一種である。もちろんそれを趣味や娯楽として楽しむ分には構わない。しかし，それは学術的な心理学とは異なる。科学としての心理学は，適切に測定できることが，実証的な視点から研究を進める上で非常に重要な役割を担うのである。

◀ 章末問題 ▶

2.1 心理学研究法における実験法と質問紙法のメリットとデメリットをそれぞれ説明しなさい。
2.2 独立変数と従属変数とは何かをそれぞれ説明しなさい。
2.3 信頼性と妥当性とは何かをそれぞれ説明しなさい。

◀ 参考文献 ▶

無藤　隆・森　敏昭・遠藤由美・玉瀬耕治（2018）．心理学　新版（New Liberal Arts Selection）　有斐閣
南風原朝和（2002）．心理統計学の基礎　統合的理解のために．有斐閣アルマ

3章 感覚と知覚

　人間や動物の行動の目的は環境への適応であり，具体的には敵や危険の発見・回避，食餌の発見・獲得，種の保存などと考えることができる。そのためにはまず環境を適切に理解しなければならない。そこで，この章では，環境を理解するために機能する感覚と知覚の仕組みについて説明する。読者の中には知覚が心理学の一領域であると知って驚く人もいるかもしれない。見えたままに見ているし，聞こえたままに聞いているのだから，この領域に心理学は無関係ではないかと思われるかもしれない。人間がカメラのようにものを見て，マイクのように音を聞くならば，そうであるかもしれないが，どうやら私たちはカメラのようにすべてのものを均等に見ることもなく，マイクのようにすべての音を聞き取ってはいないようだ。そのようなことを考えると，この章は心理学の数多くの領域の中でもとりわけ興味深いものとなるだろう。

1. 感覚と知覚の区別

　感覚は，外界の物理刺激や自分自身の内部情報を感覚器によって受容する比較的単純な過程であり，受容される刺激の種類などによって，視覚，聴覚，嗅覚，味覚，皮膚感覚，運動感覚，平衡感覚，内臓感覚の8種類に分類される。

　知覚は，情報が中枢まで伝達され，そこでの複雑な活動によって，自分を取り巻く外界の事物や出来事，あるいは自分の身体の状態を理解する過程と考えられている。感覚と知覚は連続的なプロセスであり，それらを厳密に区分することは不可能であるという考え方もある。

2. 感　　覚

（1）感覚の種類

　先に述べたように感覚は8種類に分類され，それぞれに受容される刺激の種類，それを中枢に伝達される電気信号へと変換する感覚細胞と神経系，さらには付属のさまざまな器官が存在する。ここでは，視覚を中心に説明する。

▶ **視　覚**

　視覚における物理的な刺激は光（可視光）である。可視光は波長が380 nm から 780 nm 程度までの電磁波である。因みに，いわゆる電波，赤外線，紫外線，X線，そしてγ線もすべて，波長は異なるが電磁波である。

　眼球の構造：視覚における感覚器は眼球である。眼球はさまざまな組織で構成されているが，ここでは視覚に直接関連するものに限ってその形状と機能を説明する。

　眼球は成人で直径約 25 mm の球形である。大きさや形状に関しては，個人差はほとんどない。

　眼球の正面のもっとも外側には**角膜**がある（**図 3-1**）。角膜は直径約 11 mm，中央部で厚さ 0.5 mm，周辺ではちょっと厚く，痛覚，触覚，冷覚に対応する感覚神経を有している。主要な働きは光の屈折であり，表面が正しい球面をなさないと乱視となる。

　角膜の内側には房水に満たされた**前眼房**に続いて，**瞳孔**が存在する。瞳孔

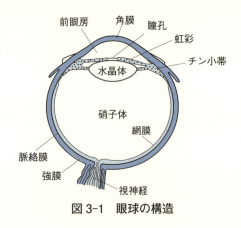

図 3-1 眼球の構造

は瞳孔括約筋と瞳孔散大筋で構成される虹彩（こうさい）の真ん中に開いた丸い穴であり，直径約 2 ～ 6 mm である。通過する光の量を適切な範囲に収めるために対光反応によって縮瞳や散瞳を生じるが，一方の目に光を当てると他方の目で縮瞳が起こる間接対光反応や，対象を近くで見ると縮瞳が起こる近見反射，さらには対象への興味，関心といった精神状態などさまざまな要因が散瞳や縮瞳には影響している。

　瞳孔の内側には**水晶体**がある。水晶体は約 2200 枚の薄膜でできた碁石のような形（厚さ 4 ～ 5 mm，直径 9 ～ 10 mm）をした組織である。成分は水（65％）とたんぱく質（35％）で透明，血管や神経はなく，角膜と水晶体の間にある液体である房水によって養分を得，老廃物を除去する。主な働きは光の屈折と紫外線吸収である。**チン小帯（毛様小帯）** によってささえられている。水晶体の中心部である水晶体核は新生児には存在しないが，年とともに水晶体皮質が増えながら中央へ移っていき，圧縮され，25 歳ごろから硬くなり，淡黄色に着色して核になる。また，水晶体は新生児ではほとんど球形で，強い屈折力をもっているが，これは眼球の前後径が短いために生じるピント合わせの難しさを，光学的に補助をしている。

　水晶体の後ろに接して存在する**硝子体**は，眼球の内部の大部分を満たしている無色透明で卵白よりやや固いゼリー状の組織である。99％が水分であり，眼球の奥では，一部で網膜と密着しているが，ほとんどは軽く網膜と接して

いるだけである。その役割は，眼球の形を保つことと，入ってくる光を屈折させることである。

　硝子体の奥にある**網膜**はカメラでいえばフィルム，デジタルカメラでいえば撮像素子（イメージセンサ）に例えられる8層からできている薄膜である。厚さは約1/4 mmであり，そこには光を電気信号に変換する2種類の視細胞，桿体と錐体が分布している。ヒトの網膜には桿体は約1億2千万個，錐体は600万個存在する。桿体は微小な光も感じることができるが，錐体はより多くの光がなければ感じとることができない。しかしながら，錐体には異なる波長の光に対して感受性が高い3種類のものがあり，それにより色覚を得ている。また，視細胞の分布は一様ではない。網膜の後ろの中央を黄斑部といい，さらにその中心の領域を中心窩という。中心窩は直径1.3〜1.5 mm，視角にして4.5〜5.5度の大きさをもち，錐体のみが存在する。視細胞の密度が高いために視力はもっともよく，したがって，何かを見ようとするときには左右の眼の中心窩にその像ができるように眼球を運動させる。中心窩から4〜5 mm内側には視神経乳頭とよばれる約100万本の**視神経**が眼球壁をつらぬく部位が存在する。ここには，視細胞が存在する余地がないために，到達した光は電気的な信号に変換されることがなく，したがって脳に到達することができず，知覚することができない。こうして受容された光刺激は，電気的信号となり大脳皮質の視覚野へと伝達される。

▶ 聴　覚

　聴覚の物理的な刺激は，音源の振動によって生じ，気体などの弾性のある媒質によって伝えられた波動，すなわち音波である。すべての波動のうち，音として感じられる範囲を可聴範囲という。可聴範囲は年齢や性別による差，さらには個人差も大きいが，一般に20 Hzから20,000 Hz程度の周波数，20 μPaから20 Paの音圧がヒトの可聴範囲とされている。音波は**耳介**（図3-2）から入り，**外耳道**を通り鼓膜に到達する。鼓膜は音波によって振動し，その振動は，**ツチ骨・キヌタ骨・アブミ骨**を通じて**蝸牛**に伝えられる。蝸牛では伝達された振動を電気信号に変え，**蝸牛神経**を通じ大脳皮質の第一聴覚野に伝える。こうして人間は波動を音として認識する。

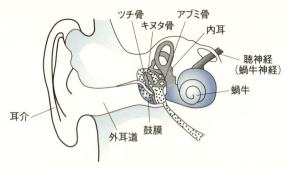

図3-2　外耳および内耳

▶味　覚

　味覚への刺激は有味化学物質である。口内に取り込まれた化学物質は，約9000個の味蕾にある味覚細胞に接触することによって電気的な信号を生じさせる。その信号は感覚神経線維を通って，大脳皮質体性感覚野の下部にある味覚野へと伝達される。味覚は大きく分類すると，甘味，塩味，酸味，苦味，うま味の5基本味がある。

▶嗅　覚

　嗅覚に対する刺激は，空気中にある特定の化学物質の分子である。化学物質は鼻腔の粘膜にある嗅細胞に結合し電気信号が発生する。ヒトには347種類の嗅覚受容体があるとされている。嗅細胞は単一の化学物質にのみ反応するのではなく，類似した分子とも結合でき，また，一つの化学物質が多種類の嗅細胞と結合することも可能である。信号は嗅神経を通って，大脳の一部である嗅球へ伝わり，そこでにおいの種類と強さが分析され，さらに扁桃核や海馬などの領域に伝達され，過去の経験などさまざまな情報と照合し，においとして認識される。

▶表面感覚（皮膚感覚）

　触覚，痛覚，温度覚など，主に体表面にある受容細胞によって受容される感覚を表面感覚という。さらに，深部感覚とあわせて体性感覚とよばれる。触覚を生じる物理刺激は機械的刺激であり，それを受容する受容細胞には特性が異なる4種類のものがある。痛覚を生じる刺激は組織を損傷するような

機械的刺激，熱刺激，化学的刺激であり，刺激は侵害受容器によって受容される。特定の刺激にのみ対応する受容器も存在するが，多くの受容器はいずれの刺激にも対応する。温度覚は，温覚と冷覚を合わせたものであり，温かさを感じる温点と，冷たさのみを感じる冷点が皮膚に点在している。

（2）感覚順応

　同一刺激を持続的に感覚器に与えると，いくつかの理由で，主観的な感覚の強度が減少し，一定の値に近づく。この現象を感覚順応とよぶ。結果的に，感覚受容器の応答の変化，刺激閾の上昇，感覚機能の応答性の低下，感覚の強度，性質，明瞭性の低下，さらには感覚の消失，後続する刺激の効果の低下などを生じる。

　視覚における感覚順応に関しては**明順応**と**暗順応**（明るさの順応）が広く知られている。暗い所から明るい所に移った時に，初めは眩しさを感じるが，しばらくすると回復する現象を明順応という。これは光の受容器である桿体と錐体が作用する明るさのレベルが異なるために生じる。暗順応と比較して，明順応は短時間で成立することも知られている。

　聴覚における感覚順応には，強い音が持続的に提示されると音に対する感受性が低下する音の大きさの順応がある。音の大きさの順応は音の周波数によって異なり，高い音への感受性の低下は，低い音への感受性の低下よりも大きいことが知られている。

　皮膚感覚における感覚順応は，3分間連続して刺激を提示すると感受性が1/4に低下する圧刺激に対する順応，圧刺激と比較して順応が遅い痛刺激に対する順応などがある。

（3）残　効

　感覚順応と密接な関連のある現象に残効という現象がある。残効は，先行刺激が後続刺激の知覚に影響を与える現象をさし，そこには運動残効や色彩残効などが含まれる。運動残効は一定方向へ運動する対象をしばらく観察し，順応した後に，静止したものを見ると逆方向への運動が観察される現象であり，具体的には滝錯視や渦巻き残効などがある。運動残効は順応時よりも速

度が小さく，単眼で順応すると他方の眼にも残効が生じるなどの特徴がある。色彩残効は色刺激をしばらく観察し，色順応が生じた後に，白色の領域が補色に色づいて見える現象である。単純な色彩残効のほかにマッカロー効果などの随伴性色彩残効が知られている。

3. 知　覚

　感覚によって得られた情報は，そのままで外界の理解をもたらすことはできない。われわれは，環境を適切に認識するために，知覚とよばれるプロセスによって，まとまりをもち意味のあるものへと感覚情報を再構成する。ここでは視知覚に関してのみ説明する。

(1) 図と地
　感覚情報に対する知覚プロセスの最も基本的なものは図と地の分化である。この文章を読んでいるとき，この紙面のどの部分を見るべきかを悩む人はほとんどいない。考えるまでもなく黒色で印刷された部分を読み取る。今，心理学の授業が始まったとしよう。黒板に白チョークで板書がなされる。あなたは，悩むことなく，黒板上の白い部分を読み取る。黒板上の白い文字を，白紙のノートに黒い鉛筆で書き写すことも躊躇しない。このように視野の中に異なる領域が存在するとき，人間は「図と地」に分化する。

　ここでは**図**と**地**の差異，図になりやすさの要因を説明する。

▶ **図と地の差異**

　視野の中に異なる領域が存在するとき，一方は図，他方は地となり，両者には以下のような差異が生じる（図3-3）。

① 図の領域は形をもつが，地の領域は形をもたない。この文章では黒色の部分は文字としての形をもつが，白色の部分は形をもたない。

② 2つの領域を分ける境界線は図の領域の輪郭線となり，図の領域の末端として図に含まれる。地は境界線では終わらず，図の下にまで侵入する印象を与える。この文章では文字の裏側にも白色の領域が浸入する。

③ 図は物の性格をもち，地は材料の性格をもつ。

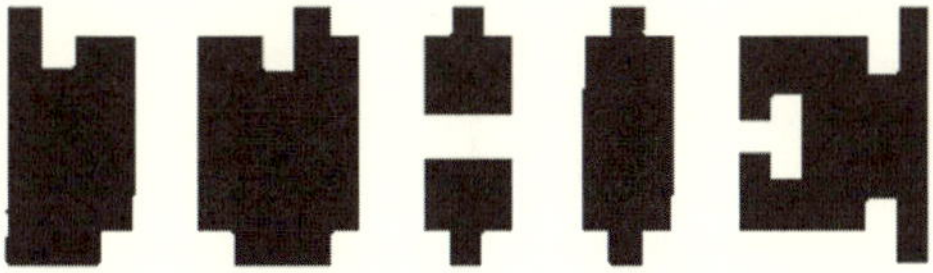

図 3-3　図になりやすい領域

④　図の領域は地の領域よりも色が堅く，密で，定位が確定的である。
⑤　図は地と比較して観察者のより近くに定位される。
⑥　図は地よりも印象的であり，意識の中心になりやすい。その結果，図は記憶されやすく，意味を担いやすい。

▶ **図になりやすい領域**
　視野の中に異なる領域が存在するとき，何を図とするべきかと考え込むことはあまりない。そこには，あらかじめいくつかの規則が存在する。
①　より狭い領域，より面積の小さい領域は図になりやすい。
②　閉じられた領域，取り囲まれた領域は図になりやすい。
③　凸面の領域，曲線の内側の領域は図になりやすい。
④　同じ幅の領域は図になりやすい。
⑤　水平・垂直方向に広がる領域は図になりやすい。
⑥　下方の領域は図になりやすい。
⑦　暖色の領域は図になりやすい。
⑧　観察者にとって，見慣れた形の領域，熟知した形の領域は図になりやすい。

(2) 群　化

　視野の中に複数の図が存在するとき，これらの図を個別に見るのではなく，互いに関連づけて，ひとつのまとまりを見ようとする傾向がある（図 3-4）。これを群化の法則あるいは体制化の法則という。前述の図と地の場合と同様に，あらかじめまとまりを作るルールのようなものが存在する。
　①**近接の要因**：この文章が横方向に読まれるように，距離が近いものは，遠いものよりも，まとまりとして知覚されやすい。
　②**閉合の要因**：互いに閉じ合う関係にあるものは，開かれたものよりもま

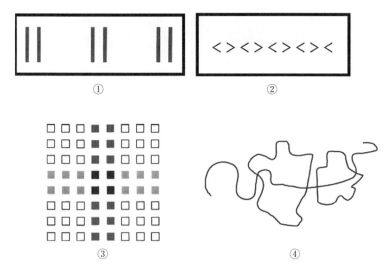

図 3-4　群化の法則

とまりとして知覚されやすい。

　③類同の要因：形，大きさ，色などの性質が類似あるいは同じものは，そうでないものよりも，まとまりとして知覚されやすい。

　④よい連続の要因：なめらかな連続性をもつものは，不連続なものよりも，まとまって知覚されやすい。

　⑤よい形の要因：まとまると単純・規則的・対称的な図形になるものはひとつのまとまりとして知覚されやすい。

　⑥共通運命の要因：動きや変化の仕方に共通性のあるものはひとつのまとまりとして知覚されやすい。

　⑦経験の要因：過去にしばしば観察されたものはまとまりとして知覚されやすい。

　このような規則を利用して，大きなコストを費やすことなく，人間は比較的単純な感覚情報から知覚世界を作り上げるのである。

（3）　知覚恒常性

　感覚器へ入ってくる情報は，自分自身の運動や周囲の状況などさまざまな理由で絶えず変化している。ところが一般に，感覚器に与えられる刺激が変

化しても，対象の特徴は比較的恒常に保たれる。この現象を知覚恒常性という。さまざまな刺激特性に対して恒常性があるが，ここでは大きさの恒常性，形の恒常性，色の恒常性の具体的な例を取り上げる。

①**大きさの恒常性**：あなたの机の上に1本の鉛筆がある。隣の席に座る友人の机の上にも1本の鉛筆がある。2本の鉛筆を見比べたとき，網膜上での両者の大きさは数倍であるにもかかわらず，それはほぼ同じ大きさに見える。

②**形の恒常性**：半ば開かれたドアをスケッチする。同じドアをカメラで撮影して，重ね合わせてみる。前者は，後者と比較して，長方形に近づく方向に歪んでいる。

③**色の恒常性**：あなたは今，室内で自分が着ている白いシャツを見ている。授業が終わって屋外に出た時，数倍の光を反射しているにもかかわらず，シャツの白さは変わらない。

（4） 奥行きの知覚

奥行きの知覚，すなわち対象の奥行き方向への広がりを知覚することは，環境を適切に理解するためにとても重要なことである。たとえば，2次元の網膜上では隣り合っている2匹の猛獣が3次元の現実の世界では一方は間近に迫り，他方は遠く離れているとき，どの方向へと向かうかは生存を左右する。人間は視覚，聴覚，触覚を使用して奥行きを理解しようとするが，ここでは主に視覚での奥行きの知覚の仕組みを説明する。

2次元の網膜像から3次元の情報を獲得することは非常に困難であり，それを克服するために，以下に示すいくつもの手がかりを利用している。

①**水晶体の調節に際しての毛様体筋の伸縮状態**：2メートル以内での絶対的な奥行きの手がかりとなる。単眼でも手がかりとなるが，比較的弱い手がかりであり，単独で働くことはないとされている。

②**両眼輻輳に際しての外眼筋の伸縮状態**：前述したように網膜上の錐体の分布密度は中心窩の部分で最も高く，視覚対象がそこに像を結ぶように左右の眼球は外眼筋によって回転させられる。その伸縮状態が20メートル以内での絶対的な奥行きの手がかりとなる。

③**両眼視差**：約65 mmの左右の眼球の隔たりによって，そこに結ぶ像は

わずかではあるが異なる。その違いから対象の奥行き方向への広がりを算出する。6メートル以内の距離での対象の相対的な奥行きの手がかりとなる。

④運動視差：観察者が移動するとその注視点よりも遠くにある対象は同一方向に，近くにある対象は逆方向に移動しているように見える。これを運動視差といい，単眼でも利用可能な強力な相対的な奥行きの手がかりである。

網膜に投影された画像自体に含まれるさまざまな手がかりもまた3次元の空間を理解するために利用され，これらはまとめて絵画的奥行き手がかりとよばれている。

①重なり：ある物体が他の物体の一部を遮蔽しているとき，その物体は観察者のより近くにあると判断される。しかしながら，物体が本来もっている形に関する知識が必要であり，そうでなければこの手がかりは十分には利用できない。

②網膜像の相対的大きさ：ある物体が他の物体より小さな網膜像を作っているとき，その物体はより遠くにあると判断される。しかしながら，物体の本来の大きさに関する知識が必要である。

③線遠近法：奥行き方向に広がる平行線があるとき，その間隔が狭いものは遠くに，広いものは近くにあると判断される。しかしながら，どの線がもともと平行なのかという知識が必要である。鶴岡八幡宮の参道やローマのスパダ邸の通路などは始点では広い幅，終端では狭い幅とすることによって実際以上の奥行き感を作り出している。

④肌理の勾配：肌理が粗いものは近くに，肌理が細かいものはより遠くにあると判断される。ここでもまた，肌理が均一であるという知識が必要である。

⑤大気遠近法：遠景の事物は輪郭がぼけ，青味がかる。これを絵画表現において大気遠近法という。大気遠近法を手がかりにして対象の奥行きを判断している。

その他の手がかりとして，陰影，対象に関する熟知性，感覚統合などがある。

このように数多くの手がかりを同時に使用していることから，人間にとっ

て奥行きを知覚することの重要性と，また，奥行きを知覚することが極めて困難であることが推測される。

聴覚による空間の知覚は，以下のような聴覚情報によって音源の方向を判断する音源定位である。

①音の左右の耳での到達時間差：音の速さは大気中では約 340m/秒であり，音源から左右の耳までの距離の差は最大でも 0.2m 程度であるから，両耳間での到達時間差は僅か 0.00058 秒である。実際には，これよりもさらに小さい時間差から音源の方向を算出している。

②音圧差：音の大きさは距離の2乗に反比例して減衰する。左右の耳から音源までの距離が異なる，すなわち真正面に音源があるとき以外の場合には，左右の耳で聞く音の大きさが異なり，それを手がかりに音源の方向を判断している。音楽などのステレオ再生は主にこの手がかりを利用している。

③耳介によるスペクトルパターンの変化など。

（5） 運動の知覚

この章の初めで食餌や危険を発見するための機能として知覚の重要性を説明したが，その一部である運動の知覚もまた極めて重要であり，カエルのように動くものしか見えない動物さえ存在するほどである。研究は実際に存在する運動（実際運動）の知覚に関する研究と実際には存在しない運動（仮現運動）の知覚に大別される。前者は感覚器の性能や感度を明らかにすることを目的としたものであり，後者は運動を知覚する仕組みを明らかにすることを目的にしたものである。

▶ **実際運動の知覚**

刺激閾，すなわち人間が知覚できる最下限の値が，運動距離と運動速度に関して明らかにされている。運動距離閾は視角 8〜20 秒，運動速度閾は視角 1〜2 分／秒であり，眼球から 60 cm 離れた位置で対象が 0.03〜0.06 mm 以上の距離を毎秒 0.17〜0.34 mm 以上の速さで動けば，運動を知覚できることを示している。この閾値は観察条件により大きく変化することも明らかにされており，以下の点が明らかにされている。

- 対象の輝度が上がると閾値は低下する。
- 対象の提示時間が増加すると閾値は低下する。
- 網膜の中心部では周辺部より閾値が低い。
- 他に静止対象が存在すると閾値は低くなる。
- 垂直方向の運動は水平方向の運動よりも閾値が低い。

▶ 仮現運動の研究

　テレビや映画のように，実際には物理的運動が存在しないにもかかわらず，実際に運動が存在するときと同じ印象が得られる現象を仮現運動という。仮現運動の研究は，運動の知覚の仕組みを明らかにすることを目的としている。何種類もの仮現運動が報告され研究されているが，ここではβ運動など，いくつかの仮現運動に限って説明する。

　① β運動：映画や踏切の警報機などに見られるように，対象A，Bを適切な時間間隔を置いて，異なる地点に交互に提示するときに知覚される対象の運動をβ運動という。

　観察時の条件にもよるが，提示間隔60ミリ秒程度で滑らかな運動の印象（ϕ現象とよばれる）がえられ，これを最適時相とよぶ。因みに，30ミリ秒以下の提示間隔では2光点の同時点滅の印象が得られ，これは同時時相とよばれ，また200ミリ秒以上の提示間隔では運動ではなく継時的な2光点の点滅の印象が得られ，これは継時時相とよばれる。

　② 誘導運動：あなたは，川面に浮かぶ係留されたボートが上流に流されていくように感じた経験はないだろうか。強い風に流されていく雲の合間に見え隠れする月が風上に動いているように感じた経験はないだろうか。

　これらの，対象は静止しているにもかかわらず，その周囲の動きにより，対象の運動の印象が得られる現象は誘導運動とよばれる。この現象から，対象の運動は，基準となるものとの相対的な位置関係の変化によって知覚されると考えられている。

　また，あなたは，駅のホームで停止している列車に乗っている際，反対側のホームの列車が動き出したのを見て，本当はまだ静止したままの自分の列車が反対方向に動き出したかのような印象をもった経験はないだろうか。遊園地のビックリハウスで悲鳴を上げた経験はないだろうか。これらの現象は

視覚誘導性自己運動知覚（ベクション）とよばれる。

　③**自動運動**：自動運動とは、暗室あるいは視覚手がかりが少ない状況で提示された静止した光点に不規則な運動が観察される現象である。暗室の中で小さな光点を観察すると、眼球や身体の動きで網膜上の光点の位置が変化するが、基準となるものが存在しないので対象自体が動いていると解釈してしまうという説がある。自動運動の例として、UFOの目撃談などがある。

（6）錯　　視

　物理的刺激と主観的印象が一致しない現象を錯覚という。前述した感覚ごとに錯覚はあるが、ここでは視覚に関する錯覚、すなわち錯視を取り上げる。注意深く対象を観察していても生じることや現象を熟知していても生じることなどから、錯視は不注意による見誤りではなく、対象を適切に認識するために存在すると考えられている。錯視は知覚が単純な外界のコピーではないことを示唆し、また、物理刺激と印象の不一致が規則的であることから、それが知覚を支配している一般的な原理に沿ったものであり、錯視研究の意義は、知覚を支配する原理を理解する手がかりとなるところにあると考えられている。錯視は、以下のような分類がなされている。

▶ **幾何学的錯視**

　幾何学的な図形に生じる錯視を幾何学的錯視図形という。幾何学的錯視はさらにいくつかのグループに分類される。

　①**大きさの錯視**：同じ大きさ・長さのものが異なる大きさ・長さに見える錯視である。代表的なものにミュラー・リヤー錯視（図3-5（a））、ポンゾ図形（同（b））、エビングハウス図形（同（c））などがある。

　②**方向の錯視**：線分の傾きが実際の傾きとは異なって見える錯視である。代表的なものにツェルナー錯視（図3-6（a））、フレーザー錯視（同（b））、ポッゲンドルフ錯視（同（c））などがある。

　③**位置の錯視**：対象の位置がずれて見える錯視である。代表的なものに重力レンズ錯視（図3-7（a））、ジョヴァネッリ錯視（同（b））などがある。

▶ **月の錯視（天体錯視）**

　月、太陽、星座の見かけの大きさが地平方向で、大きく見える現象がある

図 3-5　大きさの錯視

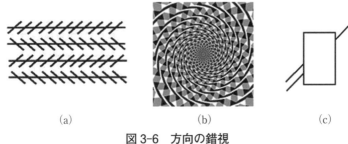

図 3-6　方向の錯視

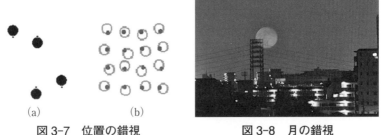

図 3-7　位置の錯視　　　　図 3-8　月の錯視

（図 3-8）。古代から知られている錯視であり，その説明のために数多くの学説が提案されている。

▶ 運動の錯視

　実際には存在しない運動が知覚されたり，実際とは異なる運動が知覚されたりする現象を運動の錯視という。運動残効やモーションキャプチャ，仮現運動，自動運動，誘導運動などがある。

図 3-9　娘と老婆　　　　図 3-10　カニッツァの三角形

▶ **多義図形・奥行反転図形**

「娘と老婆」（図 3-9）や「ウサギとあひる」に代表される 2 通りの解釈が可能な図形を多義図形，不完全な奥行き手がかりにより奥行き方向に複数の解釈が可能な図形を奥行反転図形とよぶ。

▶ **錯覚的輪郭（主観的輪郭）**

刺激中に明るさや色の勾配が存在しないにもかかわらず，視覚的な輪郭が観察される。代表的な図形として「カニッツァの三角形」（図 3-10）がある。

（7）　知覚と関連したいくつかのトピックス

知覚にはさまざまな要因が影響を及ぼしている。また，純粋に知覚領域の話題ではないが，関連性が感じられる話題もある。そのうちのいくつかをここでは取り上げる。

▶ **感覚遮断**

ヘロン（Heron, W., 1957）は，感覚器官への刺激の低減や遮断によって，不安定な精神状態に陥ったり，知的活動水準が低下したりすることを報告し，これを感覚遮断とよんだ。実験では，アイマスク，耳栓などで視覚，聴覚，嗅覚などに対する刺激を遮断した。ほとんどの被験者は 2 日程度でイライラ感，幻覚，幻聴を訴え，4 日間，実験に参加した被験者は思考が混乱していたという報告がなされている。日常生活の場においても，長時間の飛行機の操縦や自動車の運転，瞑想などで，感覚遮断が生じると考えられている。

▶ **興味・価値が知覚に及ぼす影響**

　ノートの端に1円玉の大きさを記入してほしい。続いて，100円玉，500円玉の大きさ，100万円の厚みを描いてほしい。実物の硬貨と比較してほしい。因みに100万円の厚みはおよそ8mmである。少額の硬貨は実物よりも小さく，100万円は実物より厚く描かれる傾向がある。これは，観察者の対象に対する興味や価値が知覚に影響を及ぼすことを示している。ブルーナーら（1947）が行った実験では，裕福な子どもと貧しい子どもでは貨幣の大きさの印象が異なっていることが明らかにされた。

▶ **閾下知覚**（サブリミナル・パーセプション）

　感覚器，知覚システムが受容する物理的刺激は一定の大きさの範囲でのみ刺激として検出される。その下限の値を閾値とよぶ。その閾値以下で刺激を提示すると，当然ながら刺激は検出されないが，そこに何らかの影響があるとするのが閾下知覚である。1950年代に映画上映中に「ポップコーンを食べろ」「コーラを飲め」という継続時間 1/3000 秒のサブリミナルメッセージを繰り返し映写したら，コーラとポップコーンの売り上げが上昇したとする研究が報告されたが，データが捏造されたものであることが明らかにされている。現代でもサブリミナルアド（閾値以下の刺激を使用した広告）やサブリミナルミュージック（閾値以下のメッセージを挿入した音楽）が市販されるなどしているが，科学的な根拠はない。

4. まとめ

　視知覚を中心に，感覚および知覚に関連するさまざまな問題に言及した。最先端の精密機器にも引けを取らない感覚器，コンピュータのプログラムにすれば膨大な量になるだろうと思わる日常生活の中での巧みな知覚・認知行動，その一方で驚くほどの知覚の脆弱性などを実感できただろうか。

◆ **章末問題**

3.1　本書では触れていないが，ヒトの「視細胞」が外部の情報を取り込む仕組みについて調べなさい。

3.2 日常生活の中であなた自身が気づいた「図と地」に関する事例を紹介しなさい。

3.3 日常生活の中であなた自身が気づいた「群化の法則」に関する事例を紹介しなさい。

3.4 ヘロンが行った感覚遮断実験と類似した行為が実際の社会で行われることが時折見受けられる。具体的な事例を紹介しなさい。

3.5 インターネットには錯視図形を形成したサイトが数多くある。下に示した有名なサイト以外にどのようなものがあるか探しなさい。

北岡明佳の錯視のページ http://www.ritsumei.ac.jp/~akitaoka/

イリュージョンフォーラム http://www.kecl.ntt.co.jp/IllusionForum/

◀ 参考文献 ▶

大山　正(編) (1994-2007). 新編感覚・知覚心理学ハンドブック　誠信書房

後藤倬男・田中平八(編) (2005). 錯視の科学ハンドブック　東京大学出版会

三浦佳代 (2007). 知覚と感性の心理学（心理学入門コース1）岩波書店

横澤一彦 (2010). 視覚科学　勁草書房

箱田裕司 (2010). 認知心理学　有斐閣

八木昭宏 (1997). 知覚と認知（現代心理学シリーズ6）培風館

4章 記憶

> 記憶とは情報を分類，貯蔵し，そして検索するシステムである。ただそれだけかと思われるかもしれないが，記憶が正常に働かなければ，物事を覚えるのはもちろんのこと，見聞して理解したり，文章を読んだり，暗算したり，考えをまとめることさえできなくなる。さらに，自分自身のことについてもわからなくなるかもしれない。このように考えれば，記憶は単なる情報の貯蔵・検索システムではなく，自分自身を支える心の基盤といっても過言ではないだろう。

1. 記憶のプロセス

　日常生活において我々は「自分は忘れっぽい」，「あの人は記憶力がいい」というようなことを話題にすることがある。しかし，ひと言に記憶といっても，3つのプロセス，すなわち**符号化**（encoding），**貯蔵**（storage），**検索**（retrieval）があり，それぞれに異なる働きがある。符号化とは，さまざま

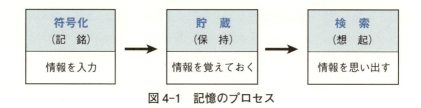

図4-1　記憶のプロセス

な情報や経験した出来事を覚えることである。貯蔵とは，符号化された情報を覚えておくことである。そして検索は貯蔵されている情報を必要に応じて思い出すことである（図4-1）。これら一連のプロセスはそれぞれ，**記銘**，**保持**，**想起**ともよばれる。

（1）　二重符号化理論

　外界の情報を記憶システムに入力する際，情報はそのままの形で取り込まれるわけではない。符号化によって情報は記憶システムが扱いやすい形に変換される。情報が符号化される際，特に画像の場合，言葉で表現する言語的符号化と視覚的イメージで表現する非言語的符号化の2つの符号化が可能になる。そのため，たとえば，「ピアノ」は，具体的なイメージを伴いやすいため，「関係性」や「自我」などのような抽象性の高い概念などと比べると，言語的にも非言語的にも符号化されやすく，記憶されやすい。この考え方を**二重符号化理論**（dual encoding theory）という。

（2）　符号化特殊性原理

　符号化特殊性原理（encoding specificity principle）とは，記憶研究で知られるタルビングら（Tulving & Thomson, 1973）により提唱されたものであり，「貯蔵された内容は，知覚された内容とそれがどのように符号化されたかによって決定される。また貯蔵された内容は，その内容にアクセスする効果的な検索手がかりを決定する」とされている。簡単に言えば，符号化のされ方が記憶の内容を決め，記憶の内容が有効な検索手がかりを決める，ということになる。実は符号化時には，対象の情報のみならず，さまざまな関連情報も一緒に符号化されている。たとえば，符号化時の環境的情報（たと

えば，部屋の明るさやイスの座り心地）や心身の状態（たとえば，体調や気分）などである。この原理によれば，ある事柄を想起する際の検索手がかりとして，符号化時の状況を利用すれば，符号化された内容が想起されやすくなると考えられる。つまり，授業で習ったことは，授業を受けているいつもの教室のいつもの座席だとよく思い出すことができるし，飲み会での出来事はお酒を飲んだ時に思い出しやすくなり，また悲しい思い出は，悲しい気分の時に思い出しやすくなる。この符号化特殊性原理は，警察が用いる**認知面接**（cognitive interview）にも応用されている（p.63 参照）。

（3）処理水準理論

　符号化時に深い処理がなされるほど，対象の情報は貯蔵されやすいと考えられている。これは**処理水準理論**（levels of processing theory）とよばれ，クレイクとロックハート（Craik & Lockhart, 1972）によって提唱された。たとえば，単語の認知処理にはさまざまな段階があると考えられる。単語が大文字か小文字かで構成されているかの判断，つまり形態的な特徴の判断は基礎的な処理であり，比較的浅い処理に相当すると考えられる。しかし，その単語がある文章に当てはまるかどうかの判断は，文章の文脈に併せて単語の意味を解釈する必要があり，意味的・概念的な判断が求められる比較的深い処理だと考えられる。処理水準理論は，何をもって深い処理とみなすか，つまり処理水準の深さを評価する外的基準がないという問題はあるものの，さまざまな研究によって繰り返し見出されている頑健な現象である。

2. 再生と再認

　多くの記憶研究では実験参加者に単語や画像，文章等の記銘材料を呈示し，その直後あるいは，しばらく時間をあけて記憶テストを行う。記憶テストには，大きく分けて**再生法**（recall）と**再認法**（recognition）がある。再生法は，先に呈示された刺激（単語や画像）を，書かせたり（描かせたり），口頭で答えさせたりするものである。テストの出題形式で例えるならば，自由記述形式や空欄補充形式に相当する。

一方，再認法は，記憶テスト段階でいくつかの単語あるいは図形などを呈示し，その中に先に学習した単語や図形が含まれているか判断させるものである。テストの出題形式で例えるならば，選択形式に相当する。目撃した事件の被疑者の顔写真を複数の人物の顔写真の中から選ばせる面割りも再認法の記憶テストといえるだろう。

3. 記憶の心理的モデル：記憶の多重貯蔵モデル

　記憶の分類や種類について，最も影響を与えたモデルにアトキンソンとシフリン（Atkinson & Shiffrin, 1968）が提唱した**記憶の多重貯蔵モデル**（multi store model）がある。このモデルでは，情報が保持される時間が異なる**感覚記憶**（sensory memory），**短期記憶**（short-term memory），**長期記憶**（long-term memory）の3種類があり，外の世界の情報は，感覚記憶から短期記憶を経て，長期記憶として定着すると考えられている（図4-2）。

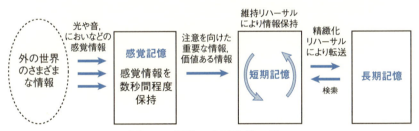

図4-2　記憶の多重貯蔵モデル

（1）感覚記憶

　感覚記憶では，眼や耳などの感覚器官から入力された外界の情報（聴覚や視覚などによる情報）が，何の認知的処理もなされず，そのままの状態で，ごく短い間保持される。感覚記憶は，視覚情報では**アイコニック・メモリ**（iconic memory），聴覚情報では**エコイック・メモリ**（ecoic memory）というように，感覚の種類ごとに個別に存在しており，アイコニック・メモリの保持期間は1秒程度，エコイック・メモリの保持期間は4〜5秒程度と考え

られている。感覚記憶には，視覚情報ならば画像刺激のまま，聴覚情報ならば音声刺激のままの形で保持されるため，膨大な情報量となり，その情報は極めて短い間に次々と上書き更新されている。感覚記憶の中から注意を向けた情報だけが短期記憶に送られる。

（2）　短期記憶（作業記憶）

　感覚記憶からの情報は短期記憶に送られて，しばらくの間保持される。しかしながら，その容量や保持期間には限界がある。短期記憶で保持できる容量は，**7±2チャンク**（チャンクは1つの情報のまとまり），平均して7チャンクとされている。単語であれば，平均して7個（5～9個の範囲）まで，また電話番号などの数列であれば，平均して7桁（5～9桁の範囲）までを一度に覚えられる（図4-3）。短期記憶の容量が7チャンクであることは，ミラー（Miller, G. A., 1956）の**マジカルナンバー7**として広く知られている。

　一方，短期記憶の保持期間については，15～30秒程度であるとされている。しかし，**リハーサル**（rehearsal）を行うことで情報を保持し続けられる。リハーサルとは，情報を心の中で，あるいは繰り返し声に出して復唱し続けることである。ただ単に情報を反復するリハーサルを**維持リハーサル**（maintenance rehearsal）という。リハーサルには**精緻化リハーサル**

カタカナが9個あるので，9チャンクであり，7チャンクをオーバー

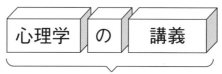
上記のカタカナの順番を並べかえ，漢字に変換することで3チャンクに圧縮

図4-3　チャンクの説明

図4-4 作業記憶のしくみ

（elaborative rehearsal）とよばれるもうひとつのリハーサルがある。精緻化リハーサルは，維持リハーサルのように機械的に情報を繰り返すのではなく，イメージ化や連想を行うことによって，既存の知識と関連づける方法である。語呂合わせで歴史の年号を覚える方法は代表的な精緻化リハーサルといえる。処理水準理論に基づいて考えれば，情報を繰り返すだけの維持リハーサルは，浅い処理に留まるのに対し，他の情報と関連づけ意味を見出す精緻化リハーサルは，より深い処理がなされることから，保持されやすいともいえる。

　短期記憶は入力された情報を一時的に留めておく貯蔵庫と考えられていたが，近年では情報処理機能や制御機能としての側面が見出されており，**作業記憶**（working memory）とよばれることも多い。作業記憶では，入力された情報を保持しつつ，長期記憶から知識を呼び出し，関連づけて解釈するなど，会話や読書，計算，イメージ化など，我々の認知活動に決定的な役割を果たすと考えられている。作業記憶の概念を提唱したバッドリー（Baddeley, A. D.）によると，作業記憶は全体を制御する**中央制御部**（central executive）と，その下位に音声情報を保持する**音韻ループ**（phonological loop）と，視覚的情報を保持する**視空間スケッチパッド**（visuo-spatial sketchpad）が従属すると想定されている（**図4-4**）。

（3）長期記憶

　短期記憶でリハーサルされた情報は，長期記憶としてほぼ永続的に貯蔵される。長期記憶に保持される記憶は，その内容を言語化できる**宣言的記憶**（declarative memory）と，言葉で表現することが困難な**手続き的記憶**（procedural memory）に分類される。さらに宣言的記憶については，**意味**

表 4-1　長期記憶の分類

言語化可能かの別	記憶の内容	記憶の例
宣言的記憶	意味記憶 （事実や一般的概念の記憶）	日本で一番大きな湖は琵琶湖である 三角形の内角の総和は180度である
	エピソード記憶 （個人的に体験した記憶）	中学2年生の冬に病気で手術をした 昨日の晩に財布をどこかに落とした
	手続き的記憶（運動や技能に関する記憶）	自転車の乗り方，箸の使い方

記憶（semantic memory）とエピソード記憶（episodic memory）に分けられる（表4-1）。このうち，意味記憶は，たとえば「日本一高い山は富士山である」，「福岡県の県庁所在地は福岡市である」といったような，事実や一般的な概念などに関する記憶であり，知識の記憶ともいえる。また，エピソード記憶は，個人的な経験の記憶であり，いわば思い出の記憶である。エピソード記憶には「いつ」，「どこで」，「誰と」，「何をしたか」など，出来事を経験した時期や場所を特定する文脈的情報を伴う。たとえば，「中学校2年生の夏休みに家族旅行に行った思い出」や，「今朝寝坊してバスに乗り損ねてしまい，1限目の講義に遅刻してしまった」ような経験がエピソード記憶にあたる。また，事件や事故の目撃証言もエピソード記憶に含まれる。

　手続き的記憶とは，「自転車の乗り方」や「箸の使い方」，「タッチタイピングでのキーボード入力」など運動や技能に関する記憶であり，身体で覚える記憶ともいえる。そのため，手続き的記憶の内容を言葉で説明することは難しく，実際にその動作や行為を行うことで思い出されることから，**非宣言的記憶**（non-declarative memory）ともよばれる。手続き的記憶は，意味記憶やエピソード記憶と比べると，忘れにくく，加齢による忘却の影響も受けにくい。また病気やけがなどにより脳に損傷を負い，新たな情報を記憶できない，昔のことを思い出せない患者でも手続き的記憶は失われていないこ

とが多い。これは手続き的記憶が，意味記憶やエピソード記憶とは別の脳の部位に貯蔵されており，独立して機能していることを示すものである。

　長期記憶のうち，特に意味記憶はそれぞれの概念（ノード）が互いにリンクによって連結され，ネットワーク状に結びついて貯蔵されていると考えられる。この考え方を**意味ネットワークモデル**（semantic network model）という。コリンズとロフタス（Collins & Loftus, 1975）は意味ネットワークモデルを発展させた**活性化拡散モデル**（spreading activation theory）を提案した（図4-5）。このモデルでは，それぞれの概念や知識が類似していたり，関連しているものほど近くにリンクされ，その結びつきも強くなり，また意味的に離れているものほど，直接リンクされていなかったり，リンクされていたとしても遠くにリンクされていることになる。さらには，検索などによって，ある概念が活性化すると，その概念と結びつきの強い，ほかの概念も活性化され，さらにその活性化がリンクを伝ってネットワーク全体に拡

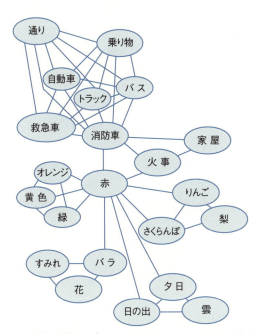

図 4-5　活性化拡散モデル（Collins & Loftus, 1975 に基づき作成）

散していくと考えられている。

　たとえば，図中の「消防車」の概念で説明するならば，「火事」や「赤」等の概念とは結びつきが強いものの，「乗り物」や「リンゴ」等の概念とは結びつきがやや弱く，あるいは直接結ばれていない。ネットワークモデルには活性化拡散という考え方も取り入れられており，たとえば「消防車」を思い出すと，リンクで結ばれた「火事」や「赤色」も活性化され，同時に想起されやすくなる。

　活性化拡散モデルによって想定されているように，意味記憶において検索が行われる際に活性化が拡散する実証的な根拠として，**意味的プライミング効果**（semantic priming effect）がある。先行刺激が後続刺激の情報処理に影響を及ぼす現象のことをいう。たとえば，"SO□P" という単語完成課題があり，□部分にアルファベットを充てて単語を完成するよう求められたとする。その単語完成課題が与えられる前に食事の画像が呈示された群は，□にUを充て，スープ（SOUP）という単語を完成させる者が多かった。一方，事前に洗面所の画像が呈示された群は，□にAを充て，ソープ（SOAP）という単語を完成させる者が多かった（Kahneman, 2011）。この現象は事前に呈示された画像によって，活性化される概念は先行刺激と意味的関連性が強い概念であることを示しており，活性化拡散モデルの妥当性を示す傍証となっている。

（4）系列位置効果

　すでに説明したとおり，多重貯蔵モデルでは短期記憶と長期記憶が想定されている。そのことを裏づける根拠として**系列位置効果**（serial position effect）が挙げられる。たとえば入学時におけるクラスでの自己紹介では，多くのクラスメートの顔と名前を1人ずつ覚える。このように1つずつ順番に呈示された多くの事柄を再生すると，再生成績は最初と最後が最も高く，中盤あたりが最も低い。このように呈示された順序によって再生成績が異なることを系列位置効果といい，そのことを示した曲線を**系列位置曲線**（serial position curve）という。

　系列位置効果を検証する実験では，20個程度の単語を一定の順序で実験

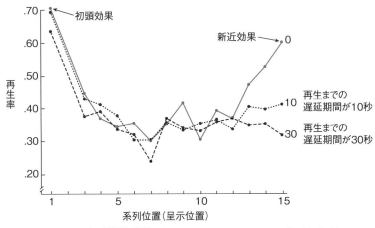

図 4-6 系列位置曲線 （Glanzer & Cunitz, 1966 に基づき作成）

参加者に呈示し，それらの単語について再生させる。再生結果を単語の呈示順序ごとに整理してプロットすると系列位置曲線が得られる（図4-6）。系列位置曲線はU字型の曲線であり，呈示位置の始めと最後で成績が高くなっており，最も低いのは中盤あたりであることがわかる。始めの方（初頭）の再生成績が高い現象を**初頭効果**（primacy effect）といい，終盤の再生成績が高い現象を**新近効果**（recency effect）という。これらのうち，初頭効果は長期記憶に保存された情報を反映していると考えられている。つまり，始めの方に呈示された単語は，そうでない単語と比べ，実験の間，何度もリハーサルされる機会がある。したがって，リハーサルが繰り返されることで，短期記憶から長期記憶に転送され，長期記憶として想起されることになる。

一方，新近効果は，短期記憶内にまだ残っている情報を反映していると考えられている。後半に呈示された単語は，短期記憶に入力されたばかりであり，減衰することなく，保持されている。したがって，すべての単語を呈示した直後に再生を求めると，短期記憶に残っている情報が再生され，高い成績が得られる。しかし，再生まで遅延時間を設けると，短期記憶内から情報が失われ，新近効果は消失し，初頭効果のみが認められることになる（図4-6中の遅延期間10秒と30秒の系列位置曲線を参照）。

4. 記憶の忘却と変容

（1） 記憶の忘却：エビングハウスの忘却曲線

　忘却とは覚えていたはずの情報を思い出せなくなることである。ドイツの心理学者エビングハウス（Ebbinghaus, H.）は，歴史上で最初の記憶実験を行い，時間経過に伴う記銘した情報の忘却率を示している。エビングハウスによるこの実験では，記憶材料として**無意味綴り**（nonsense syllable）とよばれる全く意味のない単語（「YOX」，「LFQ」のように子音－母音－子音の3文字で構成されている）が用いられた。彼は自らを実験参加者とし，無意味綴り単語（13個）を暗唱できるまで完全に覚えた。その後，数分，数時間，1日，1週間，1か月と時間をあけて，再度同じ無意味綴りを覚え直した。その際，覚え直すのに必要な時間（試行数）を記録した。少しでも無意味綴りの情報が記憶に残っているのであれば，短い時間（少ない回数）で覚えることが可能である。時間経過を横軸に，無意味綴りの再学習に要した時間を縦軸にして描いた曲線がエビングハウスの**忘却曲線**（forgetting curve）である（図4-7）。

　図のとおり，最初の数十分で急激に忘却が生じているものの，それ以降は横ばいになり，1か月経過しても忘却の程度に大きな差はみられない。エビングハウスの忘却曲線は，物事の大半はすぐに忘れ去られるが，ある程度の情報は長い間保持され続けることを示している。

　では忘却はどのようなメカニズムで生じるのであろうか。思い出せない情報は完全に失われてしまったのだろうか。しかしながら，その時に思い出せなくても，しばらくしてふと思い出すことがあるし，また手がかりやヒントがあればすぐに思い出すこともある。忘却のメカニズムを巡っては，**減衰説**，**干渉説**，**検索失敗説**という3つの説明が考えられている。

　まず減衰説は，記憶の痕跡が時間の経過とともに弱まり，最終的には消えてなくなり，想起できなくなるとする考え方である。

　干渉説は，ある記憶情報が別の事柄の記憶情報に干渉され，想起がうまくいかず思い出せないというものである。この干渉説はジェンキンスとダレンバッハ（Jenkins & Dallenbach, 1924）の研究により，妥当性が支持されて

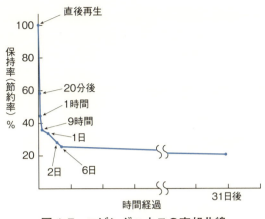

図 4-7　エビングハウスの忘却曲線
（Ebbinghaus, 1911 に基づき作成）

いる。彼らの実験では2人の大学生に無意味綴りを覚えさせた後，記憶テストまでの間，眠らせていた睡眠条件と，起こしておく覚醒条件の記憶テスト成績を比較したところ，睡眠条件の方が覚醒条件よりも記憶成績が高かった。この結果は，覚醒条件では記憶テストまでの間に起きたさまざまな出来事により，無意味綴りの記憶が干渉を受けてしまい想起されにくくなるが，睡眠条件では干渉を受けることがないので想起されやすかったと考えられている。このように，新たな情報がすでに記憶されている古い情報に干渉することを**逆向干渉**（retroactive interference）といい，これとは逆にすでに記憶されている古い情報が新たな情報に干渉することを**順向干渉**（proactive interference）という。

　検索失敗説は，検索するための適切な手がかりがないため，思い出すことができないとする考え方である。この考え方によると情報を思い出すことができないのは，保持されている情報にアクセスできないからであり，情報そのものが減衰して無くなったわけではないと考える。日常生活においても，我々はある事柄がなかなか思い出せなくても，ヒントを与えられた途端，鮮明に思い出せたという経験を何度もしている。このような現象は，減衰説では十分に説明できないが，検索失敗説では説明できる。

4. 記憶の忘却と変容　　57

（2） 日常記憶の性質：認知の倹約家

　エビングハウスによる忘却研究では，忘却のメカニズムや規則性を明らかにするため，実験参加者や記銘材料，実験手続きを厳密に統制した実験が行われた。しかしながら，密な実験統制にこだわりすぎ，日常的な記憶のふるまいと乖離しているとの批判もあった。一方，英国のバートレット（Bartlett, F. C.）は，記憶研究を日常的場面に近づけることができるかという，いわゆる**生態学的妥当性**（ecological validity）の確保にこだわり，身のまわりにある事物や自らの体験を記銘材料にした研究を行った。このような研究を**日常記憶研究**という。

　日常記憶研究において，繰り返し報告されているのは，日常的に用いている事物であっても，また日頃見慣れた風景であっても，それらを完全に再現できるほど，詳細には記憶していないということである。

　たとえば，日常記憶の代表的な研究にニッカーソンとアダムス（Nickerson & Adams, 1979）がある。彼らは1セント硬貨を記銘材料にし，米国人20名に1セント硬貨の表側と裏側をそれぞれ描画再生するよう求めた。その結果，1セント硬貨の8つの特徴のうち，位置も含めて正しく再生されたのは，リンカーンの顔など，わずか3つに留まり，残りの特徴は省略されていた（図4-8）。

　また，高良と箱田（2008）は，日本の大学生72名に，千円札（野口英世の肖像画があるもの）の再生を求めた。その結果，肖像画のような，千円札

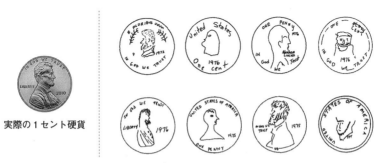

実際の1セント硬貨

図4-8　ニッカーソンとアダムス（1979）の1セント硬貨の再生例
（Nickerson & Adams, 1979 より）

表 4-2 「千円札」の特徴と再生率（N=72）

特　徴	再生率（％）
①「千円」字	52.8
②「野口英世」の肖像画	94.4
③「富士山」	22.2
④「1000」字	94.4
⑤ 記番号	13.9
⑥ サクラ	13.9
⑦「日本銀行券」字	20.8
⑧「NIPPON GINKO」字	0
⑨「日本銀行」字	1.4
⑩「日銀総裁」の印	0

高良と箱田（2008）に基づき作成

の顕著な特徴は100％近く再生されたものの，「日銀総裁」の印のような，周辺的な特徴の正再生率は15％以下であった（**表4-2**）。これらの研究から示唆されることは，毎日，目にする硬貨や紙幣であっても，金種を区別する（たとえば，1万円札か5千円札か）上で必要となる最低限の特徴のみしか覚えていない，ということである。

　フィスクとテイラー（Fiske & Taylor, 1984）は，**認知的倹約家**（cognitive miser）という概念を提唱している。注意や記憶に利用できる認知資源には限りがあるため，我々は必要以上に消費しないという考え方である。たしかに，日常生活においては，硬貨や紙幣の図柄や模様などについて正確な情報が求められる事態はそうあることではない。少なくとも対象を同定や識別できる上で最低限必要となる顕著な特徴のみを記憶していれば済むことの方が多い。認知的倹約家は我々の基調的な認知スタイルといえる。

（3）記憶の変容

　正確に記憶されるか否かを決める要因の1つは，記銘対象の複雑さである。たとえば，「日本の首都は東京である」といった常識的で単純明快な事柄や，

整って安定した，正円や正三角形のような図形であれば，間違いもなく記憶されやすい（相良，1960）。しかし，現実世界に存在する事物や出来事のほとんどは，複雑で，曖昧かつ不規則なものばかりである。それらの記憶からは正確さが失われ，誤りが多く含まれやすくなる。その理由は，我々は知覚した対象を，過去に学習した**スキーマ**（schema）を参照して，理解・解釈し，記憶として定着させているからである（Jaynes, 2000）。スキーマとは，物事を理解・解釈するための枠組みとして利用される既存の知識・経験の集

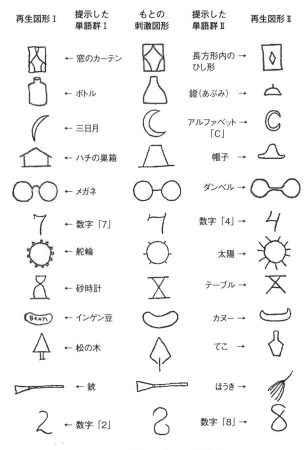

図4-9 曖昧図形の記憶変容例
中央の図形と，左右どちらかの単語（ラベル）を対呈示し，描画再生させた結果（再生図形Ⅰ・Ⅱ）（Carmichael, Hogan & Walter, 1932 に基づき作成）

合体である。たとえば，道路を走行する4輪の乗り物をみて「自動車」と理解できるのは，自動車の外観や構造，機能などに関するスキーマが備わっているからである。先に挙げた日本の首都は東京であるという情報はスキーマと完全に一致し，間違いなく記憶されやすい。しかし，世の中にある多くの事物や出来事は，新奇的で，断片的で，曖昧なところも多く，スキーマの参照だけでは完全には捉えられない。この時，スキーマと整合するよう情報に変容が生じたり，省略や欠落が生じる。また事実とは異なる情報によって補填されることも起こり得る。

　カーマイケルら（Carmicheal et al., 1932）は，「次の絵は○○に似ています」というラベルとともに曖昧な図形を実験参加者に呈示し，描画再生させたところ，ラベルの内容に沿うように図形の記憶が変容することを示した（図4-9）。この実験では，すべての実験参加者に同じ図形を呈示したが，ラベルは参加者により異なっている。たとえば，横線で結ばれた2つの円図形の場合（図4-9上から5行目参照），ある参加者には「眼鏡」，また別の参加者には「ダンベル」というラベルが与えられた。眼鏡と教示された者は，曖昧な図形をあたかも眼鏡のように再生し，ダンベルと教示された者は，ダンベルのように再生した。これは知覚された曖昧な図形がラベルの内容に合うように符号化されたことによると考えられる。

5. 記憶の想起促進

　これまでに述べた通り，記憶はそのままでは失われ，容易に変容もしやすい。しかし，符号化時や検索時の工夫や努力により，記憶は安定して定着し，必要な時に正確に想起できるようにもなる。そのためには精緻化リハーサルと活性拡散モデルの利用が求められる。

（1）　生成効果と自己参照効果

　イメージ化や連想などによって，覚えるべき対象を既存の知識と関連づける方法を精緻化リハーサルといい，深い処理がなされることはすでに述べた。したがって，符号化時には，覚えるべき事柄について，単に見る，口にする

だけではなく，自分自身の言葉で考えて，何らかの意味を見出す方が記憶として定着しやすい。これを**自己生成**（self-generation）という。また，自己生成する際，記銘対象を自分に関連づけると忘れにくくなる現象を**自己参照効果**（self-reference effect）という。たとえば，性格を表す形容詞について実験参加者にさまざまな質問をしたとする。その形容詞が長いか短いかを質問した後に，その形容詞の再生を求めても簡単には思い出せない。しかし，その形容詞が自分にどれくらい当てはまるかを質問した後では，よく思い出せる。自己参照効果が生じる理由は，自分自身について多くを知っていることにあるという（伊東，2008）。つまり，自分自身に関しては，過去の経験や，考え方・好み，将来の見通しなど豊富な情報がある。これらの自己情報と関連させた符号化がなされるために体制化されやすくなる。

（2） 記憶術「記憶の宮殿」

　古くから使われる記憶術に**場所法**がある。場所法とは，頭の中に正確に思い出せる空間，たとえば自宅などをイメージし，自宅のさまざまな部屋に，覚えたい事柄を視覚的に結びつけて記銘する記憶術である。場所法の起源は古く，古代ギリシャにまで遡る。バッドリー（Baddeley, A. D., 1982）によると，古代ギリシャの詩人シモニデスが体験した建物の崩壊事故がきっかけだったという。レスリングの祝宴に招かれたシモニデスは，勝者を讃える詩を披露して外に出た。その直後に建物が崩壊し，その場にいた者すべてが圧死した。遺体は身元確認が困難な状態であったが，シモニデスは，宴客がいた場所を覚えており，そこから身元を特定したという。その後，シモニデスは，記憶術として場所法を考案し，今日まで有効な記憶術として利用され続けている。

　場所法を発展させたものに「記憶の宮殿」法がある。頭の中に自分の「宮殿」を用意し，その宮殿内の部屋と覚えたい事柄を結びつける。宮殿の規模は，大小の建物が何百も連なる大宮殿でも，玄関や仕事部屋などの一室だけで構築してもよい。宮殿や部屋を構築する理由は，記憶対象の保管場所を用意し，また記憶対象に明確なイメージを与えるためである。小説や映画の世界ではあるが，世界的に有名なシリアルキラー（連続殺人犯）のハンニバ

ル・レクターと，世界で最も有名な私立探偵のシャーロック・ホームズも記憶の宮殿を有していることで知られている。

(3) 認知面接

事件や事故の目撃証言は，目撃状況（現場の明るさ，目撃距離，目撃時間等），目撃者の心身状態，犯人の武装や挙動など，さまざまな要因による影響を受けやすく，正確な情報を得ることは難しいことが多い。しかし，事情聴取方法を工夫することで，目撃者が思い出したい特定の記憶にアクセスすることが促され，思い込みやバイアスも抑制できることも明らかになってきた。こうした工夫を集約し，誰にでも行えるよう構造化した事情聴取法が認知面接（cognitive interview）である。認知面接では，以下の4つの事情聴取テクニックを用いることが推奨されている（表4-3）。①文脈の心的再現（心の中で目撃状況をイメージ）②すべてを報告してもらう教示（どんなささいな事柄でも報告するよう念押し），③異なる順序での想起（出来事の時系列順序を逆にして想起），④視点を変えた事件描写（目撃者としての視点ばかりでなく，犯人からの視点などで改めて語らせる）である。認知面接の土台になっている理論は，すでに説明した符号化特殊性原理と活性化拡散モデルである。前者の符号化特殊性原理は，文脈の心的再現に利用されている。情報の検索時に，その情報を符号化した際の心身状態や周囲の状況と一致させることで，その情報への接触可能性が高まり，想起されやすくなると考えられている。また，後者の活性化拡散モデルは，④の視点を変えた事件描写に利用されている。すでに説明したとおり，活性化拡散理論では，ある情報

表4-3 認知面接で用いられるテクニック

テクニックの種類	内　容
①文脈の心的再現	心の中で目撃状況をイメージ
②すべてを報告してもらう教示	どんなささいな事柄でも報告するよう念押し
③異なる順序での想起	出来事の時系列順序を入れ替えて想起
④視点を変えた事件描写	目撃者としての視点ばかりでなく，犯人からの視点などで改めて語らせる

は関連性の高い情報とリンクされて保持されていると考えられていることから，目撃者に，想起させたい出来事について犯人や被害者などの視点でも語らせることで，ネットワークの複数の経路が利用されることになり，新たな情報が想起される可能性が高まると考えられている。

◖章末問題◗

4.1 コンビニや有名企業等のロゴなどを描いた上で，日常的事物の記憶の特徴について考察しなさい。

4.2 短期記憶と作業記憶の違いについて説明せよ。

4.3 宣言的記憶にはどのような種類があり，また手続き的記憶とどのように異なるか説明せよ。

4.4 スキーマと記憶の変容の関係について説明せよ。

4.5 記憶を定着させるためにはどのようにすればよいか。処理水準理論，符号化特殊性原理，活性化拡散モデルを用いて説明せよ。

◖参考文献◗

藤田哲也（2004）．潜在記憶における処理水準効果　法政大学文学部紀要, *49*, 121-137

御領　謙・菊池　正・江草浩幸・伊集院睦雄・服部雅史・井関龍太（2016）．最新認知心理学への招待（改訂版）サイエンス社

箱田裕司・都築誉史・川畑秀明・萩原　滋（2010）．認知心理学　有斐閣

服部雅史・小島治幸・北神慎司（2015）．基礎から学ぶ認知心理学—人間の認識の不思議　有斐閣

松尾太加志（編）（2018）．認知と思考の心理学　サイエンス社

マイヤーズ，D.／村上郁也（訳）（2015）．マイヤーズ心理学　西村書店

森　敏昭・井上　毅・松井孝雄（編著）（1995）．グラフィック心理学　サイエンス社

中島義明・繁桝算男・箱田裕司（編）（2005）．新・心理学の基礎知識　有斐閣

越智啓太（編）（2018）．意識的な行動が無意識的な理由—心理学ビジュアル百科　認知心理学編　創元社

太田信夫・多鹿秀継（編著）（2000）．記憶研究の最前線　北大路書房

5章 学習

　心理学における学習とは，経験や練習などにより生じる比較的永続的な行動の変容である。これまでできなかったことができるようになり，持続することが学習である。算数の計算や国語の読み書きなども学習といわれるが，心理学では学習をより幅広い概念として捉えており，運動や動作はもちろんのこと，言語，記憶，思考などが変容すれば学習したといわれる。学習は人間の発達や人格形成を支える重要な心的機能であるといえる。

　生まれ持った行動，すなわち，生得的な行動は，学習した行動とは言えない。動物と人に共通して**反射**とよばれる行動がこれに該当する。反射は，たとえば新生児に見られる「把握反射（手のひらに触れた物をつかむ）」「吸啜(きゅうせつ)反射（口や頬に触れると吸う）」や「バビンスキー反射（足裏を刺激すると指が開く）」，「モロー反射（寝かせた際に手を広げて抱きつく）」など，身体を養育者に接近させ命を守る機能が，長い進化の過程で残ったものと考えられる。また，胎児でも表情筋を動かすことを考慮すると，情動表出行動も，進化的な基礎性をもつことが伺われる。

1. 古典的条件づけ

　歯医者の待合室で、治療に使われるドリルの音が聞こえてくるとついつい緊張し身体がこわばってしまう、梅干しを見るだけで口の中に唾液があふれてくる、イヌを見かけると思わず逃げてしまう。こうした反応は条件反射とよばれ、これまでの経験や体験の中で自然に身についた（学習した）ものである。**古典的条件づけ**（レスポンデント条件づけともいう）とはこの条件反射の学習のことである。

　本来、我々はドリルの音を聞いただけでは、緊張することもないし身体に力が入ることもない。しかし、虫歯の患部をドリルで削られると激しい痛みを感じ、同時に身体の筋肉も強ばってしまう。歯医者でこうした経験を何度も繰り返すうちに、ドリルの音を聞いただけで身体に力が入ってしまうようになる。これが基本的な古典的条件づけである。

（1）パブロフの実験

　古典的条件づけで最もよく知られた実験が、ロシアの生理学者パブロフ（Pavlov, I. P.）によるイヌの実験である（図5-1）。イヌにはエサを与えると唾液を分泌させる無条件反応がある。この実験では古典的条件づけの手続きにより、イヌにベルの音を聞かせるだけで唾液が出るように訓練した。イヌにベルの音だけ聞かせても、ベルの方に耳を向けたりするだけで唾液は分泌されない。しかし、ベルを鳴らすのとほぼ同時にエサを与える手続き（対

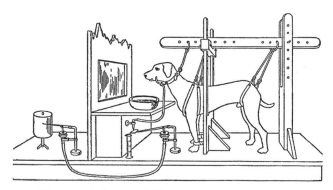

図5-1　パブロフの実験（Yerkes & Morgulis, 1909）

呈示）を繰り返すと，イヌはベルの音を聞くだけで，唾液を分泌するようになる．古典的条件づけが成立すると，イヌに唾液を分泌させるよう反応を引き出すベルの音は条件刺激とよばれ，この条件刺激により唾液を分泌するようになった反応は条件反応とよばれる．

　具体的な用語を使ってこの過程を述べる．まず，唾液分泌が**無条件反応**（Unconditioned Response；UR：無条件反射ともよぶ）として生来イヌに備わっている行動である．UR を引き起こす刺激であるエサは，**無条件刺激**（Unconditioned Stimulus；US）とよぶ．そして，US に対呈示され，繰り返しの中で学習される刺激が**条件刺激**（Conditioned Stimulus；CS）である．学習が成立した後は，同じ唾液分泌でも CS に対して生じるようになるので，そうなった唾液分泌は**条件反応**（Conditioned Response；CR：条件反射ともよぶ）とよぶ．すなわち，古典的条件づけとは，CS と US の対呈示によって，UR が CR になることである．

（2） 般化と消去

　古典的条件づけが成立した後，条件刺激と全く同じではないものの，よく似た刺激を呈示しても条件反応が生起するようになる．これを**般化**という．パブロフの実験で例えると，条件刺激とは異なるブザー音であってもよく似た音であれば，条件反応が生起する．条件反応は条件刺激とよく似た刺激であれば誘発されるのである．

　古典的条件づけが成立した後，条件刺激だけを与え続けると条件反応が生じなくなる．パブロフの実験で例えると，エサを与えずにベルだけを鳴らし続けると，次第に唾液の分泌量が減り，最終的には分泌しなくなる．この現象は**消去**とよばれる．消去の手続きを途中で休止し，再度条件刺激を呈示すると，条件反応がある程度回復する．これを自発的回復という．

（3） 行動主義

　パブロフの研究は，20 世紀の前半以降の心理学を特徴づける，強力な方法論的観点を提供した．分泌される体液を測定することで「予期」という心的状態を測定できるとしたパブロフの功績は，心のように見えないもので

あっても，それが現れた行動を測定・観察することで科学的な研究を行うことができることを示唆した。若くしてアメリカ心理学会の会長となったワトソン（Watson, J. B.）は，1913年の講演で，後に「行動主義宣言」とよばれる主張を行った。それは，心理学を，思弁ではなく科学として実践していくためには，研究対象は観察できる「行動」でなければならない，という主張であった。ここで行動とは，分泌される体液のように小さなもの（微視的）であっても，何かの対象から逃避するという行動であってもよい。「心」をもって行動する個人の外にいる他者から観察可能な，定量化された行動があれば，それを測定し，反証可能なデータとすることによって心に関する知見を蓄積することが心理学の向かうべき方向性であるとしたこの考えを，一般的に**行動主義**とよぶ。

（4）　恐怖の条件づけ

　ワトソンは，行動主義の観点に立ち，当時心の問題とその治療を実践していた精神分析学のある前提を批判する研究を行った。精神分析学の観点では，人の「恐怖症（例：特定の対象を過度に恐怖すること）」が，心に「内在」する問題だとされていた。これに対し，ワトソンは，恐怖に伴う反応は生得的な行動であり，恐怖症の人は，単純に，その恐怖反応を一般人が恐怖しないような対象に対して古典的条件づけによる学習をしてしまった状態であると考えた。この考え方のメリットは，恐怖が学習されたものであるならば，再学習や，消去も可能，すなわち，治療が可能となる点である。

　この考えを実証するため，ワトソンは，過去の経験が浅い人，すなわち幼児を一群用意し，最初は幼児が恐怖することのない中性的な刺激（例：白いラット）と，幼児が生来驚異的な反応を示すドラの音を，幼児それぞれに対呈示することを繰り返した。すると幼児は，次第にドラの音が無くても，白いラットに対して泣いたり，逃避行動を示したりするようになり，果ては，類似した特徴を持つ別の刺激（例：白いウサギ）にも同様の行動を示すようになった。幼児の行動を一般的な恐怖症の患者の示す恐怖行動と同じだと考えれば，ワトソンの「恐怖の条件づけ」は成功したと解釈できる。

(5) 味覚嫌悪学習と学習の準備性

ガルシア（Garcia, J.）は，通常繰り返しの対呈示が必要な古典的条件づけ課題において，ある種の条件刺激と無条件刺激の対呈示は，その回数が少なくても学習が成立することを発見した。それは，食べ物など味覚的な条件刺激と，吐き気などの内臓不快感（無条件反応）を引き起こす無条件刺激を用いた場合である。読者には，体調を崩して嘔吐などした際に食事に含まれていた特定の食材が今でも嫌いであるという方はいないだろうか。これは，ガルシアが発見した**味覚嫌悪学習**である。重要なのは，この学習は，視聴覚刺激などを条件刺激とした場合よりも学習効率が良いという点である。ここから推測されるのは，条件づけが，自然界における必然性（食べて気分が悪くなることは，食べて皮膚が痛くなることよりも必然性が高い）を反映しているという事実である。

セリグマン（Seligman, M. E. P.）は，この現象について，動物は，進化の過程で，あらかじめ生得的に特定の条件刺激と無条件刺激との関係を学習しやすいように（あたかも準備されたように）生まれてきていると考え，これを**学習の準備性**とよんだ。動物種に依存してどのような条件刺激と無条件刺激に準備性があるかは異なっており，ラットであれば味覚が優れているために味覚的な条件刺激と内臓不快感が結びつきやすく，鳥類などであれば視覚が優れているために視覚的な条件刺激（例：色など）に対する準備性があることが知られている。これらは，動物の学習が，その動物種の進化の過程に依存して，生得的に一定の特徴をもつことを示唆している。

2. 道具的条件づけ

(1) 試行錯誤学習

ソーンダイク（Thorndike, E. L.）の問題箱は，檻のようになっており，内部にあるペダルを踏むと紐で結ばれている戸が開き，そこから脱出できる仕組みになっている。その中に空腹状態のネコを入れ，問題箱の前にエサを置く。そうするとネコは外のエサをとろうとして，箱の中を歩き回ったり，鳴いたり，壁を引っ掻いたり，あるいは隙間から手を伸ばしたり，さまざま

な行動をやみくもに行う。そのうち偶然にペダルに触れて戸が開き，ネコは外のエサを食べることができる。その後，ネコを箱の中に戻し，同じ事を何度も繰り返させると，ペダルを踏んで脱出するまでの時間が短くなり，最終的には余計な行動は起こさずにペダルだけを踏むようになる。ネコは**試行錯誤学習**を繰り返すことにより，ペダルを踏んで戸をあけて外においてあるエサを食べることを学習した。

（2） 道具的条件づけ

ソーンダイクの問題箱（図 5-2）は，ネコ自身が自発的に生起させた行動のうち，ある結果（餌にありつく）をもたらすことになった行動が，より生じるようになったことを示す。その変化の様相は，あたかも，環境に適した特徴をもつ生物が地球上でより繁殖してきた進化のようである。個体の中でさまざまな自発的行動がある中で，特定の結果に結びつくことが次の時点における同じ個体の自発的行動の頻度を上昇させることを，**道具的条件づけ**（オペラント条件づけともいう）という。道具／オペラント，とは，その自発的行動が，結果を得るための道具（遠くにあるエサを手繰り寄せる手綱が手元にあって，それを引っ張る場合，手綱は道具である。同様に，箱の外にある餌を得るためにペダルを踏む自発的行動は，機能的には道具とみなすことができる）である。

道具的条件づけの枠組みでは，動物の自発的行動の増減を，行動と，それ

図 5-2　ソーンダイクの問題箱（Thorndike, 1898）

がもたらした結果，さらに次に同じ状況下で行う行動，という繰り返しの中で考える。お使いに行って親から称賛の言葉が与えられると，自らお使いに行く行動が増えるとすれば，称賛という結果が，お使いという行動を増加させると考える。この意味で，道具的条件づけは（前時点での）結果が（次時点での）行動を増加，または減少させるという因果関係を想定している。

（3） 強化と罰

では，どのような結果が行動を変容させるのか。個体の行動に対し，何かが出現した結果として，その行動の自発的生起頻度が繰り返しの中で増加していくという変化の方向性が観察された場合，その結果は「**正の強化**」とよばれる。たとえば，お使いに行くことに称賛が与えられることが後続し，お使いに行く行動が増加していく場合，お使い行動は称賛の出現によって「正の強化」を受けている。

個体の行動に対し，何かが除去された結果として，その行動の自発的生起頻度が繰り返しの中で増加していくという変化の方向性が観察された場合，その結果は「**負の強化**」とよばれる。たとえば，運動部に所属する学生が継続的な腰痛をもっていたところで，腰当てを付けてその痛みが取り払われることを繰り返す中で腰当てを付けるようになっていく場合は，腰当て行動は痛みの除去によって「負の強化」を受けている。

個体の行動に対し，何かが出現した結果として，その行動の自発的生起頻度が繰り返しの中で減少していくという変化の方向性が観察された場合，その結果は「**正の罰**」とよばれる。たとえば，ある学生が，遅刻すると廊下に立たされて学校中の目にさらされることを繰り返す中で遅刻が減少していく場合，遅刻行動は学校中の目の出現によって「正の罰」を受けている。

個体の行動に対し，何かが除去された結果として，その行動の自発的生起頻度が繰り返しの中で減少していくという変化の方向性が観察された場合，その結果は「**負の罰**」とよばれる。たとえば，金にうるさい社会人が違法駐車を行ったところで，罰金として所持金を取り去られたことを繰り返す中で違法駐車行動が減少していく場合，違法駐車行動は罰金によって「負の罰」を受けている。

道具的条件づけを理解する上で注意すべき点がいくつかある。まず一つ目は，道具的条件づけの通俗的な理解として，「『良い』結果をもたらした行動が増える」などと語られることが多いが，これは誤りである。道具的条件づけの枠組みにおいて，結果が社会的な価値判断として「良い」か「悪い」かは問題ではなく，結果が「（それまでは無かったものが）出現した」か，「（すでにあるものが）除去された」か，によって「正」か「負」かが定まる。また，繰り返しの中でその結果をもたらした自発的行動が「増加していったのか」，「減少していったのか」といった行動の経時的な変化が，「強化」か「罰」かを定めている。

　注意すべき二つ目の点として，特に教育場面などへの応用で「正の強化」を多用すべきということの理由である。それは，単純に褒めれば万事良いということではない。罰による行動の制御の場合，学習者に否定的な感情（例：廊下に立つことを命じた教師を逆恨みする，罰金をとった警察官に怒りを感じる，など）が生じて二次的な問題につながりやすく，また，望ましい行動を獲得できておらず失敗することが多い学習初期の段階に，必然的に生じる多くの不適切な行動に罰を用いることで，後述する学習性無力感に陥る危険があるためである。学習性無力感に陥ると，実行が容易な課題が与えられたとしても，行動が生起しなくなってしまうため，学習初期の段階としては本末転倒である。さらに，罰による制御を実施すること自体が現場で倫理に抵触しやすいことも社会的に問題である。こういった理由で正の強化が望ましいのである。

　注意すべき三つ目の点として，一見同じ形態を取る行動であっても，個体ごとにその行動の「機能」は異なる可能性がある点である。たとえば，教室で立ち歩き行動を示す児童Aがいたとしよう。観察を行った結果，児童Aの立ち歩き行動は，教室の他の児童らによる声掛けが出現することで正の強化を受けていることがわかったとする。今，児童Aと同じように児童Bも立ち歩き行動をしているのだが，児童Bの場合は授業で出される課題が本人にとっては難し過ぎて，立ち歩くことで目の前の課題を除去させるという負の強化を受けている。このような場合，一般的な教室場面では，児童Aも児童Bも「集中できない子ども」ということで「立ち歩き行動」のみを文脈から

図 5-3　スキナー箱
（写真：関西学院大学心理学研究室）

切り取って，同一の問題をもつ子どもたちとして一緒くたにされてしまうかもしれない。しかし，行動と結果の随伴性，あるいは，どうふるまえばどういう結果になるのかという事象の連鎖は，学習個体ごとに存在しているのはこの例から明らかである。児童Aと児童Bの行動を制御する場合，両者を一緒くたにすることはできないのである。こういった観点から，行動そのものではなく，行動が個人にどういった機能をもつのかを明らかにする**機能分析**を行うことが重要とされている。

　道具的条件づけの実験は，当初，米国の心理学者スキナー（Skinner, B. F.）により考案された**スキナー箱**を用いて行われた（図 5-3）。スキナー箱は道具的条件づけの代表的な装置であり，内部にはレバーがあり，ラットなど動物がそれを下げると外部からエサが与えられる仕組みになっている。スキナー箱の内部に空腹のラットを入れると箱の中を動き回る。その際，ラットの体がたまたまレバーに接触してレバーが下がることがある。そうするとエサが出てくることになり，ラットはエサにありつけることになる。このような経験を何度も繰り返していくと，ラットはレバーを下げるとエサが出てくることを学習し，レバーを下げてエサを食べる行動を繰り返すようになる。

（4）シェイピング

　道具的条件づけにおいて，自然な状況ではなかなか生起しにくい行動や複雑な行動を条件づける際には，シェイピング（行動形成）という手続きがと

られる。シェイピングは，最終的な行動的目標をいくつかの小さな行動に分解し，小さな行動を段階的に条件づけすることにより目標の行動を形成する方法である。たとえば，イヌにフライングディスク（フリスビー）をキャッチさせるよう条件づけるには，まずディスクを回収するために，ディスクに対し興味や関心を示す行動（たとえば，においを嗅ぐ，咬んだり，くわえる，舐めるなどの行動）がみられたらエサを与えて強化する。次にイヌのすぐ傍からディスクを転がし，それをキャッチできたら強化する。今度は同じ場所からディスクを投げてキャッチできたら強化する。これ以降は距離を徐々に離して，それぞれの距離でイヌがキャッチできたら強化することを繰り返していく。このように小さな目標を段階的にクリアさせ最終目標に到達させるのが**シェイピング**である。

（5）強化スケジュール

行動がみられた場合，その都度，強化／罰を呈示する方が効果的なのだろうか。あるいは毎回強化するのではなく，たまに強化する方が効果的なのだろうか。ある特定の反応に対し毎回強化することを連続強化という。一方，特定の反応がみられても時々しか強化しないことを部分強化という。連続強化よりも部分強化で条件づけされた行動の方が消去されにくいことが知られている（消去されにくさのことを消去抵抗というため，部分強化では消去抵抗が強いといえる）。たとえば，パチンコや競馬等のギャンブルはそれほど頻繁に当たらないにもかかわらず，繰り返し続けたり，なかなかやめられないことが知られている。その理由は，ギャンブルが部分強化されているからである。いうまでもなく，スキナー箱など存在しない自然界では，部分強化が圧倒的に多い。

部分強化する際，どれくらいの間隔や時間で強化するかをあらかじめ決めておく。これを**強化スケジュール**という。代表的な強化スケジュールには以下のようなものがある。

▶ **固定比率スケジュール**（FR：Fixed Ratio）

歩合制や内職業，アルバイトの該当ティッシュ配りのように，一定回数の行動ごとに強化が与えられるスケジュールのことである。短期間で最も行動

の増加が見られるスケジュールである。

▶ 変動比率スケジュール（VR：Variable Ratio）

　回数に基づいて強化されるのは固定比率と同様であるが，その回数が一定ではなく，毎回不規則に変わる。スロットマシンやパチンコ，大抵のゲーム（何回か敵を倒さないことにはレアアイテムは手に入らないが，何回倒せばそうなるかは不定である）などは変動比率スケジュールで行動を維持する。消去抵抗が高く，消去が生じにくい。

▶ 固定間隔スケジュール（FI：Fixed interval）

　月給や時間給，週末のように，前回の強化から一定時間以上経過した後の反応に強化が与えられる。このスケジュールでは，次の強化が得られる直前に行動が増加する。金曜日には登校するが，月曜日には登校する気すら失せるのは，週末や週頭が，7日きっかりに到来するためである。

▶ 変動間隔スケジュール（VI：Variable interval）

　固定間隔スケジュールと同様に前回の強化から一定時間以上経過した後の反応が強化されるが，その時間間隔は毎回変化する。魚釣りや，不定期に不作になってしまう自然の食物などが変動間隔スケジュールの例である。このスケジュールでは，様子を見るように，行動は低調に，長い時間をかけて増加する。

（6）　学習性無力感

　セリグマンは，回避が困難なネガティブ刺激にさらされ続けることで，動物の回避行動が極端に低減してしまうことを発見した。この実験は，行動に非随伴的な結果を呈示するものであり，「何をしても，どうにもならない」ことを学習してしまうという意味で**学習性無力感**（learned helplessness；または，学習性の絶望状態）とよばれた。ある実験では，3匹のラットを通電する床にくくり，1匹目には，定期的に床に流される電流を鼻先のボタンで一定時間停止できるラットを，2匹目には，1匹目のボタン押しに連動して電流が一定時間停止するラットを，3匹目には，この装置にくくり付けるだけで電流を受けないラット（ラットはくくられるだけでストレスを受けてしまう）が用意された（**図 5-4**）。実験終了後，3匹の胃潰瘍の量を測定す

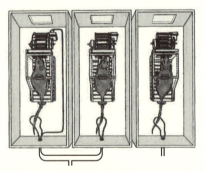

図 5-4　学習性無力感（加藤，2007）

ると，1匹目より2匹目で高い値が確認された。受けた電流の量は両者に違いは無いにもかかわらずこの差が生じたのは，2匹目においては自らの行動が事態を解決する道具とならなかったためである。同様の比較を，イヌを対象に行った別の実験では，逃避不可能の状況を経験した犬では，信号に続き逃避すればショックを避けられる新しい状況に直面しても，逃避行動が獲得されなかったことが示された。すなわち，解決できる課題が与えられても，それ以前に自らの行動が事態を解決する道具とならないことを学んでいた場合には適応的な行動を獲得できなかったのである。学習性無力感に見られるこの適応的でない行動の持続が，人間の抑うつ状態に酷似していることから，近年ではうつの動物モデル（精神病理の要因を研究する際，人では統制しきれないさまざまな要因を統制できる動物を対象に，真の因果関係を実験的に検討するために作成する，精神病理のミニチュア版）としてこの現象を用いる研究も行われている。これらの研究によると，人の抗うつ剤に当たる薬をラットに適量投与すると，学習性無力感に陥ったラットが適応的な行動を取るようになることも示されている。

3. 学習理論の傍流

（1）洞察学習

　この試行錯誤説に対し，すべての学習が試行錯誤により成立するものでは

ないと考えたのがケーラー（Köhler, W.）である。ケーラーは試行錯誤ではなく，状況や課題の洞察（見通し）により問題を解決することができると考えた。彼はチンパンジーの部屋の天井からエサのバナナを吊した。そのバナナは手を伸ばしても，また飛びついても取れない高さに吊されている。最初チンパンジーは飛びついて取ろうとしたが，取ることができず諦めて部屋の中を見渡した。すると部屋の隅に木箱があることに気づき，それをバナナの下に移動させ，木箱の上に登りバナナを取ることができた。これはチンパンジーが箱を使えばバナナを取ることができると洞察したことによるものと考えられる。この過程をケーラーは**洞察学習**とよんだ。

（2）観察学習

　講義中，隣に座っている学生が携帯電話でメールをしていたところを，先生に見つかってしまいひどく叱られているのを見たとする。そうした様子を見ると，自分は少なくとも講義時間中に携帯電話を操作するのはやめておこうと考えるだろう。このように，自分ではなく他人（モデル）が叱られたり，賞賛されるのをみて強化されることを**代理強化**という。

　条件づけや洞察学習などの他に，我々は自分自身で直接経験しなくても，他人の言動やふるまいを観察するだけで学習することができる。これを**観察学習**（モデリング）という。たとえば，大人の暴力的行動をみた子どもは，特にその大人が称賛されている場面を見せられなくても，その暴力的行動を**模倣**する。バンデューラ（Bandura, A.）の実験では，大人がビニール人形に対し，殴ったり蹴ったり，抱えて放り投げたり，あるいは汚い言葉で罵ったりするところを子ども達に見せた後，子ども達を別室へ連れて行った。その部屋にはさきほど大人が攻撃していたビニール人形が置かれており，子どもの行動が観察された。その結果，上記を観察した子ども達は，観察しなかった子ども達と比べ，より多くの攻撃行動を行うことが示された。子ども達は，暴力行為（のみ）を観察しただけで，それを自ら再現したのである。この結果は子どもの性別に関わらず見られた。

　バンデューラは他にも同様の実験を行っており，アニメーションでキャラクターが攻撃しているフィルムをみせても，子ども達は攻撃行動を模倣した。

こうした実験結果はテレビやゲームなどの暴力シーンが暴力や犯罪を誘発するという主張の根拠となっている。バンデューラは，社会とは，基本的に社会的に望ましい行動をとるモデルを多くの人に観察できる対象とする（例：ニュースの対象にする，目立つ場所に置く，雑誌に掲載する，など）ことで，観察学習から始まる行動の社会的な再生産を行う場であると論じ，**社会的学習理論**を唱えた。この理論の骨子は，観察学習と模倣，および，その間をつなぐ**自己効力感**，すなわち，自分は（あの観察対象と同じように）ある行動が「できる」と感じることがその重要な引き金になるとする点である。

4. 学習理論の応用：行動療法

学習理論は**行動療法**（behavior therapy）とよばれる心理療法に応用されている。行動療法では，心の問題は誤学習の結果生じるものであり，行動に見出されると考え，不適切な問題行動を消去したり，これまで身についていなかった適切な行動を学習させる。ここでは代表的な行動療法である系統的脱感作法とSST（Social Skills Training）について解説する。

（1）系統的脱感作法

ワトソンの弟子であったジョーンズ（Jones, M. C.）が，ワトソンの恐怖の条件づけの後，恐怖症の子どもに対してお菓子を対呈示することで，恐怖反応と両立しない反応を恐怖の条件刺激に対して学習させる**拮抗条件づけ**を開発した。我々は，恐怖や不安を感じている状態は身体的・生理的にも緊張しており，リラックスしていない状態にある。逆に身体的・生理的にリラックスしている状態では恐怖や不安を感じていない。この関係を利用して，恐怖・不安状態を感じている時に，身体的にリラックスさせることで，恐怖や不安を緩和させる方法が拮抗条件づけである。

これをさらに発展させたウォルピ（Wolpe, J.）により，恐怖や不安を緩和・解消する心理療法として考案されたのが**系統的脱感作法**である。まず患者に，恐怖や不安を感じる状況（場面）を多く挙げさせ，それぞれの状況における不安の大きさを得点化させる。それぞれの状況を得点順に一覧表（不

安階層表）としてまとめる。次に患者に対し，最も不安得点の低い状況をイメージさせると同時にリラックスさせる。具体的には，筋弛緩や深呼吸を用いて，全身の筋肉を緩めることによってリラックス状態に誘導する。つまり不安状況とリラックス状態の拮抗条件づけを行う。これを何度も繰り返し，不安が解消されれば次の段階に進む。不安得点の低い段階から高い段階へ順次進むことにより，段階的に不安を克服していく。この系統的脱感作法は恐怖症やパニック障害の治療に有効とされている。

（2） ソーシャル・スキル・トレーニング

　ソーシャル・スキルとは，良好な対人関係を築いたり，維持するためのスキル（たとえば，挨拶をする，人の話を上手にきく，できない事はきちんと断るなど）のことであり，これらのスキル習得を支援するためのプログラムが**ソーシャル・スキル・トレーニング**（Social Skills Training；SST）である。SSTは集団で行われることが多く，複数の患者と，セッションを進行するリーダー，セッションの補助や患者を個別にフォローするコ・リーダー（サブリーダー）で構成される。なお，SSTは社会的スキル訓練ともよばれる。

　SSTの基盤には，観察学習（他人のやっているところを見て学ぶ），オペラント条件づけ（よくできた点をほめる），般化（別の場面でも応用する）など多くの学習理論が含まれている。具体的な手続きは，①インストラクション，②モデリング，③リハーサル，④フィードバック，⑤般化の順で行われることが多い。インストラクションでは，これからとりあげるスキルの重要性，なぜ身につける必要があるのかをリーダーが説明する。モデリングでは，リーダーとコ・リーダーが患者の前でこれから練習するスキルを実演してみせる。同時に患者はスキルを観察学習する。リハーサルでは，患者自身が実際に声を出し，また身体を動かして観察学習したスキルを実演する。フィードバックでは，患者のリハーサルについて，リーダーやコ・リーダーを含めた残りの参加者がよかった点をほめる。般化では，セッションで習得したスキルを日常生活においても活かすように動機づけたり，「宿題」として行わせる。

SSTは，他の心理療法と比べ比較的容易に行うことができ，また集団で実施できるというメリットがある。当初は医療や看護の領域において，精神的な障害により対人関係能力が失われた人のリハビリテーションに利用されていたが，最近では小中学校において児童の対人関係能力の習得に，また刑務所や少年院においてもスムーズな社会復帰や再犯防止のために利用されている。

　最近では，行動療法から発展した**認知行動療法**とよばれる心理療法も広く使われている。認知行動療法では，行動療法と同様に問題のある行動を修正する技法であるものの，行動面のみに働きかけるばかりではなく，認知（思考）にも働きかけ，不適切な考え方や極端な思い込みなども修正するものである。問題ある行動の原因には必ず不適切な認知があり，認知と行動の両面に働きかけることで，高い治療効果が得られやすい。

◀ 章末問題 ▶

5.1　CSとUSの対呈示によって，URがCRになることを何とよぶか答えよ。
5.2　心理学の研究対象は，観察可能な「行動」でなければならないとした，ワトソンの宣言に表された考え方を何とよぶか答えよ。
5.3　動物が進化の過程で，あらかじめ生得的に特定の条件刺激と無条件刺激との関係を学習しやすいように生まれてきているというセリグマンの名づけた学習の特性を何とよぶか答えよ。
5.4　個体の中でさまざまな自発的行動がある中で，特定の結果に結びつくものが次の時点における同じ個体の自発的行動の頻度を上昇させる学習を何とよぶか答えよ。
5.5　個体の行動に対し，何かが除去された結果として，その行動の自発的生起頻度が繰り返しの中で増加していくという変化の方向性が観察された場合，その結果は何とよぶか答えよ。

◀ 参考文献 ▶

今田　寛・宮田　洋・賀集　寛（編）（2016）．心理学の基礎 四訂版　培風館
梅本堯夫・大山　正（編）（1992）．心理学への招待—こころの科学を知る　サイエンス社

北尾倫彦・中島　実・井上　毅・石王敦子（1997）．グラフィック心理学　サイエンス社
長谷川寿一・東條正城・大島　尚・丹野義彦・廣中直行（2000）．はじめて出会う心理学　改訂版　有斐閣アルマ
無藤　隆・森　敏昭・遠藤由美・玉瀬耕治（2004）．心理学　有斐閣
山内光哉・春木　豊（2001）．グラフィック学習心理学　サイエンス社

6章 感情

　友だちにからかわれてムカッとしたり，大好きなアイドルと握手できて飛び上がるほど喜んだりといったように，さまざまな感情を体験することによって私たちは人間らしく彩られた生活を送っている。しかしときには感情というものがあるせいで，どうしようもなく苦しい思いをすることもある。また，理性という言葉と対比されると，感情は何か役に立たないやっかいなもののように思えてくることもある。

　しかしながら，さまざまな感情を体験し，それに基づく行動をとることは，私たちが生き残るために進化させてきた有益なシステムであると考えられている。たとえば，危険な動物に遭遇したとき，恐怖の感情が起こり，その場から逃げるという行動をとることは，生存の可能性を高める役割を果たしている。この章では，感情とはどのようなものなのか，どのような仕組みで起こると考えられてきたのか，そして，現代の心理学でどのように考えられているのかについて学ぶ。

1. 感情の心理学定義

▶**感情，気分，情動**

　感情といえば，「うれしい」「かなしい」などのいわゆる喜怒哀楽を思い浮かべるだろう。感情に似たものとして"気分"ということばもある。「あの人には人間らしい感情がない」，「気分の浮き沈みが激しい性格」などの表現は日常的にもよく使われる。心理学では，**感情**（feeling），**気分**（mood），**情動**（emotion）という用語を厳密ではないにせよ使い分けることが多い。

　感情とは，気分や情緒，情動をふくめた総括的な用語であるとされ，私たちの一般的な"気持ち"といったものを表すと考えてよい。

　気分とは，強度は比較的弱く，持続性があるものをさす。「今日はなんだかいい気分だ」といったように，比較的ゆるやかな感情の状態を表す。気分を喚起した原因は明確に特定できないことが多いため，「いい気分」「悪い気分」といった大まかな区別しかなされない。

　情動は，強度が強く急激に起こるものをさし，比較的短時間で終わる。「混雑した電車で，足をふまれてカッとなった」など，その原因を明確に特定できることが多い。筋肉の緊張（身体がこわばる）や心拍の上昇（胸がドキドキする）など，生理的な変化をともなう。このように，動物にとって基礎的である生理的な変化を伴う情動は，後述する「基本感情理論」が主張するように，動物と人間で共通性が高く，個体の生存に直結するような働きを持っている。

2. 感情の古典的理論

　私たちの感情はどのようなメカニズムで生じ，どのような働きをもつのか。19世紀の後半から現在までの間に有名になった，感情に関する理論を，時代を追ってみてみよう。なお，感情に関する理論には，主に①神経の働きを重視する研究領域，②身体の働きを重視する研究領域，および，③認知の働きを重視する研究領域が存在している。①と②は，必然的に機能主義的な観点との親和性が高く，神経，生理，行動的な指標を用いた情動の研究が多い。③は，個人差の問題や社会・文化，意味づけを重視する場合が多く，個人の

認知や主観的経験を測定対象として重視することが多い。以下に紹介する理論が，それぞれどの領域に属するものかを明示しながら紹介する。

（1） 末梢起源説（ジェームズ＝ランゲ説）

　身体の働きを重視する研究領域の草分けであるこの理論は，たとえば「泣くから悲しい」というように，ある刺激に対して身体の生理的反応がまず起こり，その反応を知覚することで感情が生じるとする理論である。内臓や骨格筋といった末梢器官の反応を知覚することで感情が生じると考えることから，末梢起源説とよばれる。ジェームズの理論では，喚起刺激を知覚してすぐに内臓の動きが生じ，その変化が中枢によって処理されたものが感情経験であると考えた。同時代のランゲは，末梢として，血管の収縮を挙げたが，やはり末梢の変化を感情経験の原因とした点で共通している。

（2） 中枢起源説（キャノン＝バード説）

　神経の働きを重視する研究領域を拓いたこの理論は，末梢起源説に対する反証（例：動物の内臓と筋を大脳から切断しても感情反応は消失しないこと，動物の視床や視床下部を切除すると感情反応が消失することなど）を示したキャノンらによって提唱された。この理論では，「悲しいから泣く」「ヘビをみて怖いからドキドキする」というように，ある刺激の情報が「視床」を経て大脳皮質に伝わり，感情が生じるとする。一方で身体の生理的な反応が視床下部を経由して起こる。脳が感情の起源となっていることから中枢起源説ともよばれる。ヘビを知覚するとその情報が大脳皮質に伝達され，対象が危険であるという情報処理がなされ「怖い」という感情が生じる。同時に心臓がドキドキするといった身体の反応が起こる。視床や視床下部は知覚した対象の情報を大脳皮質とやり取りし，自律神経系に命令を出す役割を果たしている。

（3） 二要因説（シャクター＝シンガー説）

　認知の働きを重視する研究領域を拓いたこの理論では，ある刺激に対する生理的な反応と状況に対する認知的評価によって感情が生じるとする。二要

因とは，生理的な覚醒と，それに対する**認知的なラベルづけ**（例：なぜ身体が覚醒していると思うか）のことである。

シャクターとシンガーの実験（1962）では覚醒作用のあるアドレナリンの注射が用いられた。この注射によって手足のふるえや動悸といった生理的変化が起きるということを知らされなかった実験参加者は，注射に続いて入れられた実験室に居た他者（実は，実験協力者）（「うかれ条件」では，フラフープなどで楽しそうにふるまう他者が用意され，「怒り条件」では，実験で質問された内容が失礼だとして，憤りを示しながら退室する他者が用意された）に影響を受けて，他者と同様のふるまいを示すか，または，楽しさ／苛立ちといった感情を感じたかが測定された。この結果が，注射による生理的変化について正しい情報を得ていた実験参加者のそれを比較された。その結果，前者では他者と同様のふるまいや感情が観察され，後者ではこれが見られなかった。つまり，自分の身体に起こった生理的変化の原因がわからないときに，それを怒りや喜びのためだと評価してしまったため感情が生じたと解釈できる。

3. 感情の近代理論

（1） 感情の原因：認知的評価理論

1970年代後半より，感情の発生機序（メカニズム）ではなく，そもそも感情を引き起こす「原因」は何かという疑問が問われた。アーノルド（Arnold, M.）は，無数の感情のそれぞれを引き起こす原因は，感情を喚起する状況に対し，個人個人が，自分にとってそれがどのような意味をもつかと解釈したか，であるとした。彼女は，この自己と外界との間に生じた状況に対する解釈を**認知的評価**（cognitive appraisal）とよんだ。文字通り，これは認知の働きを重視する研究領域である。

続いて，ラザルス（Lazarus, R. S.）という心理的ストレスの研究者が，同じ状況（例：一週間後にゼミ発表をするよう課題が出された）にもかかわらず，ある個人は否定的な感情を生じ（例："嫌だ，私にはどうしようも無い"），別の個人はそうならない（例："楽しいゼミだし，一週間もあれば何

とかなる"）という個人差を説明しようとし，アーノルドと同様の理論を唱えるに至った。ラザルスは，人は，ストレッサー（例：ゼミ発表）に対してまずそれが自分にとって驚異的か否かという一次的評価（primary appraisal）を，続いてそのことに自分は対処できるかどうかという二次的評価（secondary appraisal）を行うと考えた。彼は，割礼儀式（小規模社会において成人の儀式とされる，身体の一部を切除する行為）の映像を，解説無しで視聴させる群，成人の儀式として現地では喜ばしいものであるというナレーションを付けて視聴させる群，および，視聴前にこういった解説を予めしておいて視聴させる群の間で，視聴中の皮膚コンダクタンス（交感神経の活性化を反映する）を測定した。その結果，この順で交感神経の活動は弱いことを示し，認知的評価が情動的反応を左右すると指摘した。

ラザルスは1980年頃，ザイアンス（Zajonc, R. B.）という，身体の働きを重視する研究者と**ラザルス・ザイアンス論争**を繰り広げることになる。ザイアンスは，人の意識が及ばない情報処理過程の研究を行っていた。ザイアンスは，漢字の読めないアメリカ人学生を対象に，呈示されたことに気づかないほどの短時間感情刺激を呈示し，その後に「漢字」の意味がどれほど肯定的か，否定的かの判断をさせた。その結果，この実験では参加者が認知的評価を行う時間などありえないにもかかわらず，刺激の感情価によって参加者らには読むことができない漢字の直感的な評価が左右されたのである。感情を喚起するのに認知は必要か，それとも，不要か，という点で，ラザルスとザイアンスの意見は対立した。ただし，ラザルスら認知的評価理論者は認知的評価が必ずしも意識上で行われていない部分もあるとしており，後述する扁桃体の働きが意識下で生じることを踏まえると，認知的評価理論の「認知」に意識下で活動する感情の神経機序を含めた場合，両者は矛盾する主張ではない。

エルズワース（Ellsworth, P. C.）らは，認知的評価の次元には，二次より多くの数が存在すると考えた。具体的には，出来事が快か不快かを示す「快の次元」，どの程度注意を向けるかを示す「注意の次元（例：恥は自分へ注意し，罪悪感は他者へ注意する）」，どの程度状況を統制できるかという「統制の次元（例：怒りは統制をしようとし，悲しみは統制できない）」，どの程

度状況を予測できるかという「確実性の次元(例:予測できないことに驚く,予想できたはずのことに後悔する)」,どの程度目標に対する妨害があるかという「目標の妨害の次元(例:恋人の浮気相手に嫉妬を感じる)」,どの程度事態が正当かという「正当性の次元(例:友人がズルをして自分が欲しかった最新のブランド品を手に入れたと妬む)」,どの程度自他に責任があるかという「責任の次元(例:監督不行き届きで自分の子が怪我をした場合に怒る)」,および,状況への対処に必要な労力の見積もりである「予想される労力の次元(例:ゼミ発表の準備は到底できないと否定的に感じる)」などが提唱されている。

(2) 感情の神経機序

中枢発生説は,20世紀後半より,神経の働きを重視する脳科学的な研究領域へと発展した。たとえばパペッツ(Papez, J)は,海馬,視床下部,帯状皮質が関わる感情回路に着目した。また,マクリーン(MacLean, P. D.)は,海馬体が自律神経を介して内蔵機能を調整することに着目した。

脳幹の一部である**視床,視床下部**は感情の表出に関わっている(図6-1)。視床は脳幹の一番上に位置しており,さまざまな感覚情報はこの部分を経由して大脳皮質へ伝えられる。さらにその下に位置している視床下部は,脳全体の1%以下の体積しかないが,生命を維持するために,さまざまな重要な役割を担っている。その1つは情動の表出であり,自律神経系とホルモンの

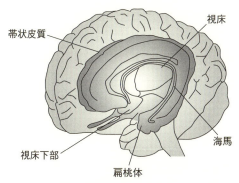

図6-1 初期の感情研究から注目された部位

調整を行っている。この神経機序があるがゆえに，感情と身体は相関関係にある。

大脳辺縁系とよばれる，扁桃核や海馬などを含む部分は，摂食行動や性行動，学習・記憶など人間としての本能的な機能に関わっている部位でもある。特に**扁桃体**（amygdala）は，目の前の対象が自分にとって安全であるのか，脅威であるのかについて判断を意識化で行うことが知られている。この扁桃体が破壊され機能しなくなった**クリューバー・ビューシー症候群**のサルは，恐れや不安の感情がなくなってしまう。たとえば，サルにとって天敵であるヘビをみても，その危険性を判断できないために怖がらない。つまり，適応的な行動（天敵から逃げる）がとれなくなる。ウルバッハ・ビーテ病を患い，左右両方の扁桃体が消失した患者S. M.（匿名）においても，恐怖や，他者の恐怖が認知できないという症状が確認されており，また，同様の患者を他部位の損傷患者と比べた研究では，一般的に信頼度が低いとされる顔をもつ他者に対し，損傷患者は「信頼できる」と回答してしまうことが確認されている。

(3) 感情の進化的由来：基本感情理論

感情の適応的な機能に最初に着目した最初の人物は，「種の起源」を記したダーウィン（Darwin, C.）であった（なお，心には生きるための機能があるとする観点は機能主義とよばれ，後にウィリアム・ジェームズ（James, W.）に取り入れられ，ワトソンの唱えた行動主義の原型となった）。ダーウィンは選択的淘汰の理論（進化論）で有名であるが，人は霊的に動物とは隔絶している存在と考えられていた19世紀のイギリスにおいて，人と動物は本質的に同じであるという意味でキリスト教の人間観に反する進化論を唱えた。そのため彼は，人と動物の共通性について人々を説得しなければならない立場にあった。そこで彼は，自然科学者として，19世紀当時としては先駆的な試みであった遺伝法則の実験や，人と動物の表情や感情的行動の共通性を克明に記録する研究を行った。その中には，世界中へ手紙を出し，表情や感情的行動が現地で同様に観察されるものかを確かめようとした試みもあったという。

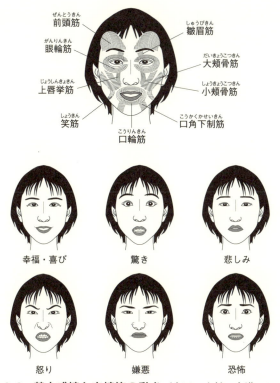

図 6-2 基本感情と表情筋の動き（今田・中村・古満，2018）

「種の起源」の後に執筆された「人と動物の表情表出について」の中で，ダーウィンは，表情とは人や動物が自身の生存のために，ある状況下で種として取ってきた行動の残滓であると考えた。すなわち，怒りを感じで歯を噛み締め，拳を握りしめるのは，闘争という生存をかけた状況下で，敵に噛みつき，打撃を与えて撃退することで自らの命を守った動物の行動の名残りだということである。ダーウィンの考え方を取り入れたトムキンス（Tomkins, S.）とその弟子のエクマン（Ekman, P.）は，感情（特に，情動）が生存のために進化した行動であり，それゆえに通文化的に生存にとって本質的な少数の互いに独立した種類が存在し，それらは神経的，生理的，行動的に特徴的な反応をもつとした。この，身体の働きを重視する研究領域の代表格を「基本感情理論」とよぶ。**基本感情**とは，幸せ／喜び，驚き，悲しみ，怒り，

3．感情の近代理論

嫌悪，恐怖である[*1]（図6-2）。エクマンらは，これら基本感情のそれぞれに伴う表情筋の組み合わせを44パターンに分類し，表情を測定・判定するFacial Action Coding System（FACS）を開発している。

　基本感情理論を心理学的な測定法によって実証しようとしたエクマンらの1970〜80年代の研究によれば，表情を演じた場合でも自律神経系の変化を引き起こせることや，顔面筋を実験的に操作することで読んでいる文章の面白さが高く評価される**顔面フィードバック現象**，また，多くの国で人々が基本感情の表情を偶然以上に正しく選ぶことができる表情認知の普遍性や，基本感情を喚起させる状況に対して人々が示す表情が文化を超えて共通であることなどが示されている。特に，表情筋は，顔面という身体の中で狭い範囲を占めるにもかかわらず，60個以上もの独立した筋肉で構成されており，霊長類でも人間に酷似した表情筋の運動が見られ，先天盲の選手が決勝で笑顔を見せ，胎児の頃から特定の表情筋を動かすことを考慮すると，感情がいかに基本的な心理的・身体的機序をもつかが理解できよう。

4. 感情の現代理論

（1） 非意識的側面と意識的側面をもつ感情：恐怖の二経路

　意識の生成に関する研究を行っていたガザニガ（Gazzaniga, M. S.）[*2]に師事したルドゥー（Le Doux, J. E.）は，人が恐怖感情を感じる際，2つの神経的経路が存在することを示した。一つは扁桃体の働きと，視床下部を介し自律神経の活動を引き起こす低次の経路（lower road）であり，この経路によって，非常に早い段階（例：前方の茂みが動いた）から人は脅威を感じて闘争・逃走反応を起こす準備を行う。もう一つは，時間をかけて情報を精査し，本当の脅威でなければ（例：茂みをよく見ると，ただの小動物であった），扁桃体の活動を抑制する高次の経路（higher road）である。この二過程の存在は，扁桃体の自動的な働きだけでなく，それを調整するメカニズム

　[*1]　近年，ここに軽蔑を含めるという案も提出されている。基本感情理論に基づくと，ある感情を独立した感情だと定義するためには，その感情に固有の神経・生理・行動的反応が確認される必要があり，軽蔑には比較的明確な表情／行動的反応が確認されている。

　[*2]　ガザニガは，分離脳（split brain）の研究で有名である。

が並行して存在していることを示している。また，この二過程はザイアンスの主張した閾下の感情過程と，認知的評価など高次の過程が共存することも説明できる。

(2) 脳と身体の共同作業としての感情：ソーマティック・マーカー

フィネアス・ゲージ（Gage, P. P.）という19世紀にアメリカに実在した男性は，工事現場の誤爆事故に巻き込まれ，鉄棒が前頭部を貫通したが，奇跡的に生存した。事故後，彼は粗暴で苛立ちやすくなり，以前のように仕事を続けることができなくなったという逸話が残っている。彼のように，大脳の**腹内側前頭前野**（ventromedial prefrontal cortex；VMPFC）を損傷した患者と健常者を対象にギャンブル課題を行った神経学者のダマシオ（Damasio, A.）は，課題中の患者らの行動的・生理的特徴から，この部位の働きによって私たちは過去に経験した身体の情動的反応が新しい場面での意思決定を左右するという説を唱えた。

このギャンブル課題では，試行のたびに裏向けのカードの束から1枚ずつカードを引き，表面に書かれた勝ち，もしくは負けのサインに従って，一定の金額を獲得，もしくは没収される。束は複数あり，中には多額の金額を没収されてしまう大負けのカードが潜む束と，そうでない束が混在していた。通常，試行を繰り返す間に大負けを経験すると，人は「ギョッ」とする情動的な身体状態を示す。ダマシオは，課題中の参加者の皮膚伝導反応と，課題を繰り返す過程でどの束からカードを引くかという意思決定行動の変化を記録した。その結果，損傷患者は健常者に比べ，大負けが潜む束からカードを引こうとする際の皮膚伝導反応が見られず，大負けが潜む束とそうでない束の両方から等しくカードを引き続ける行動を示すことを発見した。すなわち，人は通常，腹内側前頭前野の働きによって，経験で培われた情動的な身体状態の再現である警戒指標，すなわち，**ソーマティック・マーカー**を用いることで安全な方向への意思決定と行動を導いている*。

---

* ダマシオは，上記の過程は意識下の情動（emotion）であるとし，意識上で私たちが思い浮かべることのできるものはフィーリング（feeling）であるとして区別している。

感情は，私たちの意識の及ばぬところで私たちを生存に導く働きをもつ。ダマシオの著作である『デカルトの誤謬』でも述べられているが，感情は哲学者デカルト（Descartes）がかつて捉えたように，動物的で問題を起こす厄介な心の働きなのではなく，むしろ私たちの意識の及ばぬところで，私たちの命を守るという賢い機能をもっているのである。

（3）感情概念のひろがり：次元説

認知の働きを重視する研究領域では，感情の発生機序ではなく，感情という概念自体にどのような認知構造が存在するかを探求する研究がシュロスバーグ（Schlosberg, H.）らによって始められた。感情語とは，感情を表す単語のことである。たとえば，日本語であれば，「幸せ」「怒り」「不安」などになる。感情が豊かな人という表現があるが，感情にはいったいどのくらい種類があり，それらは互いにどのように関わっているか。この領域では，人々が感情語同士の類似性をどのように判断するかを実証的に示す手法により，感情概念を明らかにするための研究を行っている。ラッセル（Russell, J. A.）らの研究によれば，感情語としては無数に存在するこれらの言葉であるが，それらの類似性を集約するに「快－不快」や「覚醒」，「自己－他者」といった，比較的少数の意味的なまとまりに集約できることが明らかになっている（図6-3）。次元説は，次に述べる心理的構成主義に発展した。

（4）生物－心理－社会的構築物としての感情：心理的構成主義

認知の働きを重視する研究領域による感情語の研究で明らかになったことは，感情をどのように区分けようとも，そのもっとも基本的な分け方には「快－不快」，および，「覚醒（興奮している状態）－睡眠（おちついている状態）」があることである。豊かなはずの感情語を，たった2つの本質的なまとまりに集約してしまうことは，なにか感情の機微を無視しているように感じるかもしれない。しかし，たとえば，「大喜び」，「よろこび」，「おちつき」，「眠気」，「不安」，「いらいら」，「怒り」，「激怒」，「興奮」などと連続的に感情語を並べてみるとわかるが，どのような感情語であっても「快で覚醒」，「快で睡眠（寝ているというよりは，覚醒水準が低い状態）」，「不快で

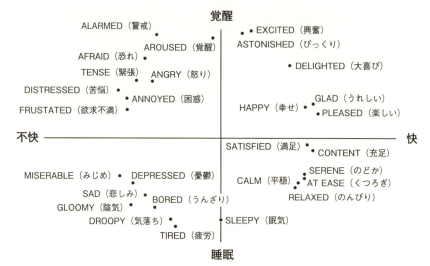

図 6-3 次元説における感情の布置
(今田・北口, 2015)

睡眠（覚醒水準が低い）」,「不快で覚醒」という連続的な神経・生理的な状態がその背後に伴っているといえる。これを神経・生理的な状態と表現するのは,「快-不快」が驚異を感じ取る中枢である扁桃体とその関連領野の反応によって,「覚醒-睡眠」が自律神経系（交感神経と副交感神経の相対的な）の活動水準によって, 常時私達の身体に生じているけれども普段は特段意識することは無い, 単純な神経および身体の状態であると考えられるためである。この神経・生理的な状態を, バレットやラッセルらは**コア・アフェクト**とよび, コア・アフェクトに加えて感情喚起の原因帰属や認知的評価, 感情の分類をどのように理解しているか, または感情を変えられるかといった, 社会的経験から獲得された諸要素が, 典型的な「感情エピソード」として作り上げられ, 主観的に経験されていると唱えた。この考え方を心理的構成主義とよぶ。

心理的構成主義の観点は, 次の点で基本感情理論のそれと対立しているとされる。まず, 前者は, 感情を諸要素で構成された複合的な現象であると捉え, 後者は, 基本感情のそれぞれが個別の進化的機能を持つ普遍的に備わっ

4. 感情の現代理論　93

た行動であると捉えている．また，前者は，無数の感情概念に連続性（次元）を仮定するが，後者は，基本感情の離散性を仮定している．これらを争点に，感情の実態がいずれかであるかについて，**エクマン・ラッセル論争**が繰り広げられたが，これは本章冒頭で紹介した，神経や身体の働きを重視する研究領域と，認知の働きを重視する研究領域との論争とも理解することができる．つまり，エクマンらは「情動」を主な対象として，その神経・身体的側面を主張しているのに対し，ラッセルらは「感情」を主な対象として，その神経・認知，さらには社会的側面を包括して扱っている．

（5）感情と社会の接点：社会的構成主義

ここで，認知の働きを重視する研究領域が扱う「認知」が社会的に獲得されるという点に注目してみたい．心理的構成主義が認めるとおり，私たちは，感情の「意味」を後天的に獲得し，その分け方に基づいて本来生物的な身体の反応を特定の感情だと呼称し，認識する．ここで，感情の「意味」は，同じ集団で感情についての情報を共有し，伝え，互いにコミュニケーションする一般的な他者との相互作用から学んでいると考えられる．このことは，個人が暮らす社会集団の中で，感情をどのようなものと捉え，共有し，それを社会的に用いているかという，社会的な感情の意味づけや，感情のあり方といったものが，翻って個人の経験する感情を調整している可能性を示す．また，社会的に規定される善悪の基準に則って感じる社会的感情（例：90年代から長髪の私は，そのままの髪型で今日の学生の前に立つのは，恥ずかしい）も説明しようとすると，個人の感情現象は，もはや，個人の身体的機序のみで機能している心理現象とは考えられなくなる．感情の社会的構成主義の観点では，こういった感情の本質的な社会性を重視し，感情を本来的に文化的な現象の一貫として捉えている．

◀ 章末問題 ▶

6.1 「泣くから悲しい」というように，ある刺激に対して身体の生理的反応がまず起こり，その反応を知覚することで感情が生じるとする古典的な感情喚起機序に関する理論を何というか述べよ．

6.2　感情喚起に認知的評価が必要か，不要か，について生じた論争を何というか述べよ。

6.3　エクマンらが当初唱えた基本感情をすべて挙げよ。

6.4　ダマシオのソーマティック・マーカー説において，学習された身体の情動反応と意思決定を制御する神経機序としてどこを指摘しているかのべよ。

6.5　感情を，独立し，進化したものと考えるか，それとも，連続的で，複合的であると考えるか，について生じている論争を何というか述べよ。

参考文献

コーネリアス，R.／斉藤　勇(訳)（1999）．感情の科学—心理学は感情をどこまで理解できたか　誠信書房

古川　聡・川崎勝義・福田幸男（1998）．脳とこころの不思議な関係　川島書店

濱　治世・鈴木直人・濱　保久（2002）．感情心理学への招待—感情・情緒へのアプローチ　サイエンス社

今田純雄・中村　真・古満伊里（2018）．感情心理学—感情研究の基礎とその展開（心理学の世界　基礎編11）　培風館

大平英樹（2010）．感情心理学・入門　有斐閣アルマ

7章 発　達

> 　人は赤ちゃんとして生まれ，成長し，大人になっていく。さらには年老いて死を迎える。人が生きるとは変わり続けることだとも言えるかもしれない。かつては，発達は，誕生から青年期までの獲得的・発展的変化だと捉えられていた。しかし，高齢化社会が進む中，現在の発達心理学では，成人期，中年期，老年期に至るまでの生涯全般を通した発達過程が注目されるようになった。現在では，発達とは，受精から死に至るまでの人間の心身の量的・質的な変化であるとされる。本章ではこうした人の発達に関する心理と行動を説明していく。

1．発達の原理

（1）発達を規定する要因

　人間は赤ちゃんとして生まれてから，発達上のさまざまな変化が見られるのだが，それは一体何によって生じているのだろうが。すなわち，人間の発

達は，先天的な遺伝要因と，後天的な環境要因のどちらにどの程度規定されているのだろうか。

　発達心理学における初期の考え方は，遺伝か環境かどちらか一方を重視した**単一要因説**であった。遺伝を重視する立場は**生得説**，あるいは**成熟説**といわれる。たとえば，ゲゼル（Gegell, A.）は双生児研究を通して，発達は生まれつき定められたものであり，一定の月齢や年齢が訪れると，自然と発現するという考え方を主張した。現在でも，行動遺伝学が主に遺伝の影響を重視する立場である。

　それに対し，環境を重視する立場は**経験説**，あるいは**学習説**とよばれる。かつてワトソン（Watson, J. B.）は「私に1ダースの健康な子どもと，彼らを育てる適切な環境が準備できるならば，彼らを医師や弁護士，芸術家，さらには泥棒にさえ，望むように育ててみせよう」と述べたとされる。これは，人は生まれてからの経験によってどのようにでも発達していくことができるという考え方を反映した言葉である。現在でも，学習心理学や行動分析学が主に経験からの学習を重視する立場だと言える。

　その後，遺伝も環境も相互に複雑に影響しあいながら発達していくという**相互作用説**の考え方が主流となった。たとえば，ジェンセン（Jensen, A. R.）は，環境は，それが過度に剥奪されると発達は抑制されるが，一定水準以上であればあまり影響しないというように環境が閾値として作用する**環境閾値説**を唱えた。

　現在はこの相互作用説の考え方がさらに発展し，研究が進められている。たとえば，現代の分子生物学では，環境が遺伝子の発現を左右することが指摘されている。これは人間の心理・行動面でも同様であり，遺伝子の心理・行動への影響は，環境要因によって左右される。たとえば，攻撃性や反社会性と関連するMAO-A（モノアミン酸化酵素A）遺伝子と反社会的問題行動との関連性に関する研究によると，MAO-A遺伝子による反社会的問題行動の発現は，幼いときに虐待を受けた人のみで見られるという。つまり，MAO-A遺伝子が常に反社会的行動を引き起こすのではなく，虐待を受けたかどうかという環境要因によって，MAO-A遺伝子が反社会的行動を引き起こすかどうかが決まる。遺伝だけでもなく，環境だけでもなく，遺伝×

環境の組み合わせで人間の発達が生じるのだといえる。

(2) 発達の原理
　人間の発達は，遺伝も環境も相互に複雑に影響しあいながら変化していくがそれは無秩序に進行するのではなく，すべての人間の発達に共通する一般的な傾向が見られる。

　①**順序性と方向性**：発達には一定の順序と方向がある。たとえば，身体の発達は頭部から尾部へという方向性（**頭部－尾部勾配**）があり，首が座ったら，次はお座りができ，ハイハイから，立って自立歩行へと進んでいく。また身体の中心から末端部分に向かっての方向性（**中心部－周辺部勾配**）も存在する。

　②**速度の多様性**：発達は，必ずしもいつも同じ速度で進むのではなく変化の著しい時期と変化の目立たない時期がある。たとえば，**スキャモンの発達曲線**で示されるように，脳は出生後すぐに大きくなり，5,6歳には成人の80％程度の重量となり，そこからの発達は緩やかである。その一方で，生殖器官は，第二次性徴まではあまり変化が見られないが，第二次性徴とともに急激に発達を遂げる。

　③**分化と統合**：身体や精神の発達は，未分化な状態から分化した状態になり，さらにいくつかの分化した状態が統合される過程で進んでいく。たとえば，物をつかむ時の手指の動きも，手のひら全体でつかむ時期から次第に一つひとつの指の動きができるように分化し，最後に指と手のひらを自在に動かせるように動きが統合されていく。

　④**個 人 差**：発達には，ここまで示した普遍的な規則性や法則性はあるものの，そこには個人差が存在する。発達する速度や達成の程度は一人ひとり異なる。

2. さまざまな側面の発達

(1) 認知発達
　認知発達とは，知識を獲得・操作する認知的側面の発達を指す。ここでは

認知発達研究の創始者ピアジェ（Piaget, J.）の認知発達の理論を中心に説明する。

ピアジェは物事を考えたり思い巡らせたりする思考の発達について，実際に子どもとのやりとりの中で観察し，特徴をとらえ，ある一定の順序性があることを発見し認知発達理論としてまとめた。この思考の発達は，大まかな時期として，乳児期の感覚運動期，幼児期の前操作期，児童期の具体的操作期，そして思春期，青年期以降の形式的操作期の4つの段階を経て発達していくと考えられている。

最初が**感覚運動期**であり，0～2歳の乳幼児期がそれにあたる。この時期には，目前の物理的世界がすべての世界であり，想像や思考による世界を頭に思い描くことができない。そのため，見る，聞く，触るといった感覚と身体の運動によって外の世界がどうなっているのかを知っていき，「何かをしたら，あることが起きる」という因果関係のパターンを次第に覚えていく。**対象の永続性**とよばれる，たとえ布で覆われるなどして見えなくなっても，その物自体はそこにあるということが理解できるようになるのもこの時期である。

次が**前操作期**（およそ2～7歳の幼児期）であり，さらにその次が**具体的操作期**（7～11歳の児童期）である。前操作期には，思考が自己中心的で直観的である。物を実際に動かさなくても，頭の中で考えることができるようになりはじめるが，完全ではない。それに対して，具体的操作期には，主観と客観を分けて考えられるようになり，また数・量・重さなどを理解し，論理的に思考することができるようになる。

その一つが，**保存**の概念である。たとえば，同じ量の水が入ったコップを2つ並べ，片一方の水を違う形のコップにすべて移したとする。このとき，前操作期の子どもはコップの形が違うことで量が変化したと考え，2つのコップで異なる水の量だと答える。それに対して，具体的操作期になると，たとえ形が変わっても数や量が不変であること（保存の概念）を理解するようになる。そのため，コップの形が違っても同じ水の量だと理解する。

また，前操作期の特徴である**自己中心性**を示す課題として**三つ山課題**があげられる。この課題では，異なる大きさ・高さの3つの山を並べた模型を前

にして，4方向からそれぞれどのように見えるのかを尋ねられる。前操作期の子どもは，自分の視点を中心にしかものを考えることができないため，自分の現在の視点から見たときの見え方は答えられるが，他の視点から見た形は答えることができない。これが，具体的操作期になると，自分の視点とは異なる視点からの見え方を正しく回答することができるようになる（**脱中心化**）。

そして，最後が**形式的操作期**（およそ11歳以降）である。この認知発達段階まで来ると，具体的な事物や現実から離れて，抽象的な世界での論理的思考が可能になる。抽象度の高い算数・数学の問題や論理課題を解くことができるようになるのがこの頃である。

ただし，この発達段階の獲得には個人差があり，獲得される時期は人によって異なっている。また，近年の研究では，ピアジェの想定よりも，より早い年齢で保存の概念獲得や自己中心性からの脱却がなされていることが指摘されている。

(2) コミュニケーションの発達

▶生理的微笑から社会的微笑へ

生後1か月，生まれてすぐの乳児は，口角をあげて笑顔に見える表情を示す。しかし，これは養育者があやすなどの他者からの働きかけとは関係なく，まどろんでいるときに生じるものである。これは**生理的微笑**（もしくは自発的微笑）とよばれる。

生後3か月を超える頃から生理的微笑は減り，他者からの働きかけに笑顔で応じるようになる。これを**社会的微笑**とよぶ。この時期には誰に対しても笑顔を振りまくといった社会的微笑が見られる。他者とのコミュニケーションに対する最初期の反応の一つである。

▶共同注意と社会的参照

乳幼児期は，前言語コミュニケーション行動の発達が著しい時期である。言葉を使う以前にも，子どもはさまざまなコミュニケーションを行っている。

生後8か月から12か月くらいにかけて，子どもと養育者が同じものを見て，世界の認識を共有しようとする。これは**共同注意**とよばれる。たとえば，

子どもとネコを見つけたときに、母親がそのネコを見ながら、「にゃんにゃんだね」と話す。このとき、ネコという対象を仲介して、他者と自分との心的な表象のつながりが見出され、他者とのコミュニケーションの土台が形成される。さらには、**指さし**が加わり、子どもは自分が見た体験を養育者に共有しようと、積極的にコミュニケーションを取ることを試みる。

また、1歳になる頃には、自分の行動に対して、他者、特に養育者がどのように情動反応を示すのかを確認するようなコミュニケーションを行うようになる。これは**社会的参照**とよばれる。このときに養育者がどのような情動反応を示すのかによって、子どもは自分の行動を調整する。

▶**心の理論**

人は、相手が何を知っているのか、どう思っているのかを適切に読み取りながら他者とコミュニケーションを行っている。認知発達でも紹介したように、人は発達する中で脱中心化を行い、他者の視点からもものごとを理解できるようになる。このように、他者の感情や知覚、思考といった心的状態を推定する能力が人間には備わっており、これは**心の理論**とよばれる。心の理論は、人間の社会性における基礎的かつ中核的な能力である。

心の理論の発達を調べる課題として、**誤信念課題**とよばれる課題が考案されている。たとえば、誤信念課題の一つであるサリー・アン課題は、2人の女の子の人形劇を用いたクイズ形式の課題である（図7-1）。サリー・アン課題では、次のようなストーリーで質問が尋ねられる。

（1）カゴと箱の2つの入れ物がある。

（2）サリーは、カゴにビー玉を入れた後、外に出かける。

図7-1　誤信念課題
(Baron-Cohen et al., 1985)

（3）アンがビー玉をカゴから箱に移す。
（4）サリーが帰ってきた。さて，サリーはどこを探すか？

　この課題に対して，心の理論がまだ十分に形成されていない3歳児では，「箱」だと答える。なぜならば，3歳児は，「自分が知っていること」と「他者の知っていること」が別物であることがまだ十分には理解できていない。そのため，「自分はビー玉が箱に移されたことを知っている」一方で，「外にいたサリーはそれを知らない」ことにまで理解が及ばないためである。しかし，年齢が上がり，概ね4歳以降になると，心の理論が形成され，他者が何を知っているのかという心的状態の推定が可能となり，誤信念課題に正答するようになる。

　なお，後に述べる発達障害，特に自閉スペクトラム症の子どもは，同年齢の子どもと比較して，誤信念課題に正答することを苦手としている。こうした点から，自閉スペクトラム症の主たる特徴として，心の理論の形成の遅れやその質が異なる可能性を指摘する専門家もいる。

（3）アタッチメントの発達

　特に乳児期の発達を理解する上では，**アタッチメント（愛着）**という概念が重要になる。この理論を提唱したボウルビィによると，アタッチメントとは危機的な状況や不安喚起場面において，子どもが特定の対象（主に養育者）のそばに近づいたり，抱きついたりして，安心を得ることを意味する。子どもの示すアタッチメント行動としては，微笑，泣き，発声などの信号行動や，追視，手を伸ばす，後追いなどの定位行動，そして抱きつき等の接触行動が挙げられる。出生直後から乳児は自身のもつ力を最大限に駆使して愛着行動を示し，養育者はそれを受けて保護やお世話をしながら，互いの情緒的絆を育んでいく。なお，アタッチメントの発達は，不特定なアタッチメント対象への定位と発信から，特定のアタッチメント対象への定位と発信，アタッチメント対象の内在化というプロセスを経て発達していく。生後7，8か月において乳児の人見知りが見られるようになるが，これは主たる養育者などの特定のアタッチメント対象との関係が形成された証だといえる。

　なお，アタッチメントの質には個人差があり，次の4つのアタッチメント

の型が見出されている。

①**Aタイプ（回避型）**：養育者に対して近接や接触を求めることが少なく，養育者が居ても居なくてもマイペースで過ごす子ども達である。

②**Bタイプ（安定型）**：養育者との分離に際しては泣いて苦痛を示し，逆に養育者と再会するときには，すぐに近接および接触をして安心を得て落ち着く子ども達である。

③**Cタイプ（アンビバレント型）**：養育者との分離に際し，強い不安と混乱を示し苦痛を伝え，再会の際にBタイプの子ども達と同じように近接と接触を求めるが，その一方ですぐに落ち着かず，養育者に対して怒りや悲しみを強く表現し，なだめるのが難しい子ども達である。

④**Dタイプ（無秩序型）**：行動に一貫性が無く，組織化されていないことが特徴であり，たとえば，養育者に接近しながらも途中で動きや表情が硬直し，接近したいのか回避したいのか，判断が難しい子ども達である。このDタイプの子ども達は，親密な他者との間に健全なアタッチメントが形成されていない可能性が大きく，被虐待児などに観察されやすいことが指摘されている。

こうしたアタッチメントの質の個人差は，エインズワース（Ainsworth, M. D. S）が開発した，初めての場面で初めて会う他者と対面する状況の中で，養育者との分離後の再会に子ども達がどのような行動を示すかに着目して評価する，**ストレンジ・シチュエーション法**において測定することができる。

乳幼児期に形成された愛着の型は，一般的な愛着対象に関する表象モデル（**内的作業モデル**）を構築することで，その後成長し，大人になった後の親密な他者との対人関係の基盤となり，重要な影響を及ぼすことが示されている。

（4）感情の発達

子どもは出生時点で，苦痛（不快），充足（快），興味という感情を有している。その後，認知機能の発達と経験の蓄積の中で，生後6か月頃には喜び，悲しみ，怒り，恐れ，嫌悪，驚きといった基本感情を見せるようになる。1

歳半前後には，自分が他者から見られていることに気づき始めることで，自分自身に意識が向くようになることで，照れ，羨望，共感といった**自己意識的感情**を示すようになる。さらに，2歳頃から，社会的なルールがわかり始めることで，その基準にしたがって自分の行為を評価できるようになり，失敗には恥や罪悪感を，一方で成功には誇りといった**自己評価的感情**を経験・表出するようになる。

3. 各発達段階の特徴

冒頭で述べたように，発達心理学は人の生涯にわたるプロセスに注目している。ここでは，下記の発達区分に基づき，各年代における主要なトピックを紹介していく。

(1) 胎生期

胎生期とは，受胎から出生に至るまでの母胎の中で過ごす時期をさす。出生した日が人生のスタートラインではなく，生命がお腹に宿った日から個の人生が始まっている。約40週（280日間）を母胎の中で過ごすが，受精後2週間を卵胎期，3週目から10週目までを胎芽期，それ以降を胎児期とよぶ。

母親が胎動を感じ始める時期は，一般に16週目以降であると言われているが，それ以前のかなり早い段階から，胎児は自発的に動いている。胎児の感覚機能は，妊娠後期にはかなり発達している。たとえば聴覚は20週頃から機能していると考えられ，母親の声や母国語を聞き分けることができるとされる。そのため，母子の相互作用は胎児期の頃からすでに始まっているといえる。妊娠期間中の母親のストレスは胎児に対する好ましくない影響を与えることを示唆する研究も多く，この期間の母子をいかに周囲の他者が暖かく見守り支えていくかはとても重要となる。

(2) 新生児期から乳児期

誕生後最初の1か月は新生児期とよび，胎内の環境から外界の環境へと母

胎を離れ，呼吸・環境・消化・体温・調節など子ども自身が環境に適応していくための移行期と捉えられている。その後，1か月から1歳までの時期を乳児期とよぶことが多い。また，この時期には先に述べたアタッチメントを形成していき，これがその後の人間関係の基盤となるとされる。

(3) 幼児期

　1歳ないし1歳半から小学校に入学するまでの時期を幼児期とよぶ。幼児期の子どもたちは，社会生活を自律的に営むために必要な知識，技術，習慣，行動を身につけることが求められる。また自我の発達も目覚ましく，自我の芽生えに伴う**第一次反抗期**も出現する。

　また，幼児期は言語発達も目覚ましく，4歳になる頃には日常的な会話においては大人や他の子どもと意思疎通がとれるようになる。それに伴い他者とのコミュニケーション活動が活性化され，仲間関係や社会性も大きな成長が見られる。

　さらに幼児期に，多くの子どもは幼稚園や保育園などの集団の場での生活を始める。養育者のそばを離れ，同年齢や異年齢の子ども達との新たな関係性が始まる。仲間関係の芽生えは，1歳前後から他児への注目や働きかけとして観察されるようになるが，3歳頃になると，特定の仲の良い仲間関係ができはじめる。

(4) 児童期

　児童期は，主に小学校の6年間が該当し，第二次性徴を迎える前までをさす。児童期になると幼児期に育んだ力をさらに成長させていくと同時に，より仲間関係の重要性が増していく。小学校中学年から高学年となるとギャング・グループとよばれる同性・同年齢の仲間集団を形成する。この時期から，家族との活動よりも，友人との活動を重視するようになり，同性のギャング・グループの友達と一緒に徒党を組んで行動範囲が一気に拡大する。また，秘密や合い言葉を共有したり，時にグループ外のメンバーに対して排他的になったりする行動が観察されることもある。

　具体的操作期から形式的操作期に入る段階が9〜11歳頃であるが，この

時期には算数の問題も具体的にイメージをもちにくい抽象的な内容が増えてくる。学力の個人差も大きくなり，学校の授業についていけない子どもが増加するのもこの時期である。

（5）青年期

　青年期は第二次性徴が現れる頃から成人に達する時期までをさす。日常用語では「青年」とよぶと若い成人男性をさすが，発達区分では異なる使い方である。青年期の終わりをいつとするのかは明確ではなく，近年は青年期が長期化していることも指摘されている。青年期には，第二次性徴に伴い，思春期とよばれる急激な心身の変化が生じる時期である。認知的な面としては，抽象的・論理的思考ができるようになる知性の構造的変化といった成長がみられる。また，仲間集団との関わりの中で，大人としての対人関係とコミュニケーションのあり方を身につけていく。

　特に青年期は，自らの内面を意識し，人間関係における自己のありかたについての主体的な探求が始まる時期である。この時期から，自分とは何かという**アイデンティティ（自我同一性）** の模索が始まる。その中で，親や教師など身近な大人とは違った自分を意識し，**第二次反抗期**とよばれる行動が出現する。これは**心理的離乳**とよばれ，親からの精神的な自立の始まりとされる。受験，進学，就職など人生を左右する重大な選択とそれに伴う環境変化が次々と生じる時期でもある。

（6）　成人期から中年期

　一般的に，成人期は30代までの成人期初期と，40代から60代あたりの中年期に分けて考えられる。

　成人期初期は，職業選択とそれに伴う経済的な自立がなされる。また，多くの人が，恋愛を経て結婚し，自らが新たな家庭を築くのもこの時期である。今度は自分自身が親となり，子育ての中で自らの子どもの発達を支援していく立場となる。

　中年期は成人期初期に一つひとつ選択してきた仕事や社会活動の中での役割，あるいは自分の家庭生活における役割がある程度確立してくると同時に，

その中で責任ある重要な役割を担うようになり，自己の能力を最大限に発揮できる可能性がある時期である。その一方で，今後の身体の衰えを意識し始め，人生の折り返し地点といった言葉で表現されるように残りの人生が無限ではないことを明確に意識し始める時期である。また，これまで育ててきた子どもが自立し始める一方で，自分の親が老いを迎え，介護が必要になるなど，自身の子どもや親との関係性を捉えなおす必要が出てくる時期でもある。

(7) 老年期

老年期は慣例的には65歳からといわれているが，この時期，身体的な衰えが顕著に見え始める時期である。視覚，聴覚などの感覚機能や，運動機能の低下に伴い，自分ができると思っていたことと，実際できることとにずれが生じ始め，適宜修正していかなければいけない。また，この時期，配偶者や友人，仕事，経済，役割などこれまで人生において大切にしてきたものを失うことも余儀なくされる。そして自身もどのように死を迎えるか，迎えたいかということを考えることも大きな課題となる。

しかし，失っていくばかりではなく，逆に年を積み重ねることで得られる人生の智恵や思考の深まりなど，衰えない側面，上昇を続ける側面があることが明らかになっている。たとえば，知的側面では，流動性知能と結晶性知能にわけて年齢の関連を検討すると，確かに単純な計算速度や記憶量などの流動性知能は年令とともに低下する。しかし，過去の学習を通して蓄積されたものを現実場面に応用する結晶性知能は年齢とともに徐々に上昇し，その後高齢になっても比較的高く維持されることが見いだされている。

現代は，人生100年時代と呼ばれるように，医療の進展とともに人の寿命が延び，必然的に老年期も長くなっている。失うばかりではない長い老年期をいかに生きるのか，改めて考え直すことが必要な時代だと言える。

4. 発達障害

ここまでは主に定型な発達のプロセスを紹介してきたが，発達上のつまずきについても理解を深め，そうした人達の発達プロセスや援助についても考

えることが重要である。

発達障害は，アメリカ精神医学会の診断基準（DSM-5）では，以下の3つの障害からなるとされる。自閉スペクトラム症，注意欠如・多動症，限局性学習症である。

▶ **自閉スペクトラム症**

大きく2つの特徴が挙げられる。一つが，社会的コミュニケーションや対人的相互作用における質的障害である。他者の気持ちを読み取ることを苦手としており，相手と適切なコミュニケーションを取るのが苦手である。先に述べた心の理論の獲得の遅れや質の違いが見られることが原因だとされる。もう一つが，行動，興味や活動の限定された反復的な様式である。電車や恐竜などの特定のものに並外れた知識や興味を持ち，また特定の習慣へのこだわりを強くもつ傾向がある。音などへの感覚の過敏性をもつことも多い。

▶ **注意欠如・多動症（ADHD）**

不注意と多動性が特徴である。不注意としては，ものをよくなくしたり，忘れ物が多いこと，多動性としては，着席し続けることができず，立ち歩いたり，体を動かし続けたり，また衝動的な行動を取ってしまうことが挙げられる。

▶ **限局性学習症**

知的な遅れが無いにもかかわらず，またそれに対する介入が行われているにもかかわらず，読字，書字，算数のいずれかに著しい困難を示すことが特徴である。**学習障害**ともよばれる。

発達障害は，定型発達から白黒はっきりと分かれるような明確な境界があるわけではない。自閉スペクトラム症という名称に表れているように，発達障害はスペクトラムという連続体であり，定型発達から障害へのグラデーションの中での程度問題として理解されるものである。一人ひとり，発達障害の特性や症状は異なり，個々人の特性に合わせた適切な支援が求められる。

発達障害の可能性のある児童は，文部科学省の調査で6.5%だとされ，かなり高い確率で見られる障害である。そのため，クラスに一人二人は存在すると考えられるが，発達障害は知的障害を伴わないことも多いために，見過ごされやすい。発達障害を持つ子どもは周囲からの理解が得られずに，特に

思春期以降に自尊心の低下と心理的な不適応の状態を招き，ひいては不登校，いじめ，非行など社会生活上での問題が生じることが多い。こうした問題は**二次障害**とよばれる。これは発達障害そのものの問題というよりも，それに付随する社会生活上の問題でもあり，周囲がそれを予防していくような支援が求められる。

章末問題

7.1　ピアジェの認知発達の理論に基づく4つの発達段階の特徴をそれぞれ説明しなさい。

7.2　心の理論とは何かを説明しなさい。

7.3　DSM-5における発達障害の3つの障害をそれぞれ説明しなさい。

参考文献

新井邦二郎(編著)（2000）．図でわかる学習と発達心理学　福村出版

繁多　進(監修)（2010）．新　乳幼児発達心理学―もっと子どもがわかる好きになる　福村出版

小林芳朗(編著)（2010）．発達のための臨床心理学　保育出版社

杉山憲司・青柳　肇(編)（2004）．ヒューマン・サイエンス心理学的アプローチ　ナカニシヤ出版

日本心理学科諸学会連合・心理学検定局(編)（2009）．心理学検定　基本キーワード　実務教育出版

浦上昌則・神谷俊次・中村和彦(編著)（2005）．心理学　ナカニシヤ出版

福島哲夫(編)（2018）．公認心理師必携テキスト　学研プラス

一般財団法人日本心理研修センター(監修)（2018）．公認心理師現任者講習会テキスト　金剛出版

8章 パーソナリティ

> 「あの人は性格がいい」あるいは「あの人の人格は優れている」など，人の内面にかかわる全体的な特徴について誰もが口にしたことがあるだろう。さらに具体的に，「あの人は誠実だ」，「自分の長所は明るいところ」など，人の特徴を表す側面についても日常よく話題にするだろう。こうした，その人らしさや個性など，特に内面に関わる特徴を総称して心理学ではパーソナリティとよぶ。本章では，パーソナリティの特徴や構造，パーソナリティのとらえ方や測定，またパーソナリティが形成される過程について学ぶ。

1. パーソナリティとは何か

(1) 日常に見られるパーソナリティ

　人が何か印象に残るような行動をしたとしよう。たとえば，朝のラッシュ時に駅の改札付近で体調が悪くうずくまっている人がいたとする。大勢の人

が急いでいるために見て見ぬふりをしながら改札を通過しているとき，一人の男性が声をかけて，駅員を呼び，救急車の手配をして付き添っていったとする。その場面を見ていた私たちは，彼が自分の予定を顧みずにそうした行動をとったことで，おそらく彼は「誠実な人」であると推測するだろう。

　日常では，我々は，人がとる行動の傾向や一貫性から，それを左右する要因として，その人のパーソナリティを想定するだろう。誠実，まじめ，やさしい，などはパーソナリティを表す用語である。

(2)　心理学がパーソナリティに注目する理由

　心理学では，古くから人間の行動の背景にある心の状態を探求してきた。紀元前4世紀頃の古代ギリシャの哲学者テオプラストスは「人さまざま」という書物の中で，人々の行動傾向に多様な個人差があることを記述している。私たちが個性の存在に気づいたのは遠い昔である一方で，エビングハウス（Ebbinghaus, H.）が「心理学の過去は長いが歴史は短い」と指摘したとおり，人格・性格やパーソナリティの研究もまた，長い過去をもちながらその科学的研究の歴史は短い。

　すでに，行動主義（5章参照）について学んだことからわかるように，心理学では，人の心を直接的に見ることができないため，心を反映すると考えられる行動に注目し，そしてその行動を手がかりに心を推測してきた。そして，行動を左右したり，一貫した行動傾向を説明する概念として，心理学ではパーソナリティに関心が寄せられてきた。

(3)　パーソナリティをあらわす用語と定義

　心理学ではパーソナリティに関連する用語として**気質**（temperament），**性格**（character），**人格**（personality）が用いられる。これらはすべて**個人差**（individual difference）を表現した語である。それぞれの語はほとんど互換可能な同じ意味をもつものとして用いられることもあれば，異なるニュアンスをもつものとして区別されることもある。

　気質は，個人差の中でも特に生物学的・身体的な特徴に由来するものをさす。遺伝的に規定される部分が大きく，発達初期から個人差がみられ，生涯

を通じて比較的長く持続する傾向を意味するため，パーソナリティ概念の基盤的要因だといえる。発達心理学領域において乳幼児の個人差を性格や人格と表現することは稀であり，気質という語を使用することが多い。これは乳幼児の個人差というものが，生後の経験や養育によって形成されたというよりもむしろ持って生まれた生来の特徴とみなされるためである。

性格と訳される"character"という語は「刻み込まれたもの・彫りつけられたもの」を意味するギリシャ語に由来する。そのため，性格は個人差の中でも生得的・固定的で変化しない側面をさすことが多い。日常語としても性格という言葉は広く使用されているため，研究上の専門用語として使用されることは少ない傾向にある。

人格またはパーソナリティと表記される"personality"は，古代ギリシャ演劇で用いられた「仮面」を意味する"persona"（ペルソナ）という語に由来する。仮面は舞台上の人物の役割を示すものである。人格またはパーソナリティという語は，必ずしも固定的ではなく，経験や状況によって変化しうるものというニュアンスを込めて用いられることがある。

パーソナリティという概念を短い文章で簡潔に定義することは難しい。少々難解ではあるが，しかし長年にわたって多くの研究者に参照されてきたオールポート（Allport, G. W.）の定義では，パーソナリティとは「個人の内部に存在し，環境への独自の適応を決定する，力動的な心理的生理的体制」とされる。かみくだいて言えば，人の行動や反応には，柔軟でありながらもある程度一貫性があって，状況が異なってもその人らしい行動を取る。特定の状況で個人がどのように行動するかを予測するものがパーソナリティであるといえよう。

2. パーソナリティの類型論

パーソナリティを捉える理論の中で，もっとも古典的・伝統的なものが**類型論**（typology）である。個人をいくつかの典型的なパーソナリティ・タイプに分類して当てはめる考え方である。どのような基準や根拠でタイプ分けをするかによって，さまざまな類型論がこれまで提案されてきた。

（1） 体液に基づくパーソナリティ類型論

　紀元前 4 世紀ごろの古代ギリシャで活躍した医者ヒポクラテスとその後継者たちは，人間の身体に遍在する体液の調和が乱れたときに病気や不調が生じるとする体液病理説（humoral pathology）を唱えた。その後，2 世紀ごろの古代ローマの医者ガレノスによって「血液・粘液・黄胆汁・黒胆汁」が重視され，**四体液説**（humorism／humoralism）としてまとめられた。各体液の特徴は人の性質にも反映されると考えられていたので四気質説ともよばれ，これが人類史上もっとも初期の学術的なパーソナリティ理論とみなされている。

　血液が多い人は多血質（sanguine）とよばれ，明朗快活，気が変わりやすく，世話好きな人物とされた。粘液質（phlegmatic）の人は，冷静沈着，勤勉で粘り強く，感情の変化が少ないとされた。黄胆汁質（choleric）の人は，興奮しやすく，短気でせっかち，また積極的で意志が強いとされた。黒胆汁質（melancholic）の人は，無口で用心深く，過敏なところがあり，消極的で悲観的とされた（詫摩・瀧本・鈴木・松井，2003）。

　現代人からすれば，体液のバランスで病気や性格が左右されるという考えは冗談のように聞こえるかもしれない。ガレノスが挙げた四種類の体液は，現代の科学知識ではその存在すら認められないか，あるいは名称が類似していても内容の異なるものである。しかし，四体液説はアリストテレスの四元素説に立脚しており，当時の科学観のもとで綿密に体系づけられた高尚な学術知見であった。18 世紀ごろに病理解剖学が勃興するまでの非常に長い時代，四体液説こそがヨーロッパ・イスラム世界における臨床医学の主流をなしていたのである。

（2） 体型に基づくパーソナリティ類型論

　ドイツの精神科医であるクレッチマー（Kretschmer, E.）は，精神病患者を臨床的に観察するなかで，疾患の種類と患者の体型に関連性があるという洞察を得た。躁うつ病患者の特徴をもつ循環気質には肥満型が多く，社交的，親切，穏和な傾向がある。統合失調症（かつての呼称は精神分裂病）患者の特徴をもつ分裂気質には痩せ型が多く，内閉的で非社交的な人が多い。てん

かん性患者の特徴をもつ粘着気質には筋肉質な闘士型が多く，ねばり強い側面があるものの，融通が効きにくい傾向があるとされた。クレッチマーの類型論は直感的・経験的に理解でき，納得しやすい。また性格に体型という生物学的基礎を関連づけたことも重要である。しかし，精神病理の臨床的洞察から構築されたこともあり，一般的な人々のパーソナリティを普遍的に説明する理論としては十分に支持を得なかった。その後の展開としては，クレッチマーの理論を一般的対象に広げることを試みたシェルドン（Sheldon, W. H.）の類型論（内胚葉型・中胚葉型・外胚葉型）がある。

（3）神経系に基づくパーソナリティ類型論

ロシアの生理学者であるパブロフ（Pavlov, I. P.）は，イヌの唾液分泌に関する実験で古典的条件づけの現象を発見した人物として有名である（5章参照）。パブロフは条件反射を実験的ツールとして利用し，動物ならびに人間の神経系の仕組みを明らかにしようとした大脳生理学者であった。パブロフは実験対象としたイヌの中に，条件づけに関連した実験的処置が正確かつ速やかに済むものとそうでないものがいることに興味をもった。すなわちイヌの個体差に注目したのである。そして古来より長く信奉されてきた四体液説との対応を意識しながら，条件づけに関わる手続きから測定可能な神経系の4類型を想定した（図8-1）。

個体はまず「強度」の高低で二分される。これは繰り返される強い刺激に対して際限なく興奮し続ける神経系の能力を意味する。たとえばヒトを対象とした場合，レモンジュース（酸味刺激）を被験者の舌の上に垂らし続けたとき，唾液分泌（無条件反応）が長く多く続くほど神経系の強度が高いとみなされる。次に「平衡性」は，神経系の興奮しやすさと抑制しやすさの程度のバランスを意味し，条件反射形成の速度と分化形成の速度によって測定される。「易動性」は興奮と抑制の間の移り変わりやすさを意味し，目まぐるしく変化する刺激条件においても即応できる程度によって測定される。このような実験的に検討可能な指標によって，個体を弱型・衝動型・平穏型・活動型の4類型に分類する。

パブロフが切り拓いた条件づけと神経系に基づく類型論は，新パブロフ学

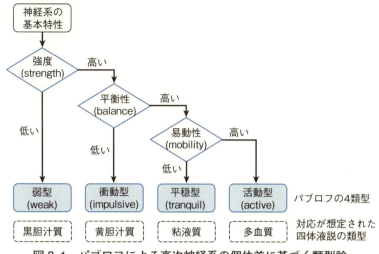

図 8-1 パブロフによる高次神経系の個体差に基づく類型論

派とよばれる後継者たちによって吟味され，ストレラウ（Strelau, J.）による気質理論と質問紙法測定尺度の開発といった展開につながっている（岩内，1986）。パブロフの類型論は古い時代の研究のため現代的な神経科学の知見とは相容れない点もあるが，それでも条件反射を利用した実験的方法で，客観的に観察可能な指標を用いてパーソナリティ概念を捉えようとした点で意義深い。また古典的な四体液説との連関を意識しつつ性格の由来を脳や神経の機能に求める考え方は，やがてアイゼンク（Eysenck, H. J.）の特性論へとつながっていった。このことから，パブロフの類型論はパーソナリティ研究を類型論から特性論へと橋渡しする重要な役割を担ったと考えられるだろう。

(4) その他の類型論

シュプランガー（Spranger, E.）の類型論は人生・生活上で何を重視するかという価値観に基づいており，理論型・経済型・審美型・宗教型・権力型・社会型の6類型からなる。ユング（Jung, C. G.）の類型論は，精神的なエネルギーの向かう先が自身の内面かそれとも外界かを基準として内向型－外向型に人を分類し，思考・感情・感覚・直観の4つの精神機能との組み合

わせからなる8類型を想定している。

　ここまで紹介したもの以外にも多くのパーソナリティ理論が存在するが，本章では歴史的に重要な過去の理論と，パーソナリティの生物学的基礎を重視した理論を中心的に紹介する。

（5）　類型論から特性論へ

　類型論は，多様に存在するパーソナリティを典型的な類型にあてはめて理解しようとすることから，直感的かつ全体的にパーソナリティを理解しやすいと言える。これは類型論の大きな長所である。しかし，限られた数の類型で人間を理解しようとすることには限界がある。たとえば，典型的なタイプに収まりきらない中間的なタイプや，同じタイプに類型化されていても微妙に異なる個性は，類型論では捉えにくい。そこで，人間のパーソナリティをより詳細に記述する方法として，次に取り上げる特性論が発展することになる。

3. パーソナリティの特性論

　ある人の行動をいくつかの場面で観察してみよう。たとえば，友人を気遣ったり，困っている人を助けていたり，あるいはボランティアに参加していたとする。こうした行動をまとめてみていくと，これらの行動傾向や一貫性の背景には親切さといった**特性**（trait）を想定することができるだろう。このように，人の行動を規定するさまざまな特性を想定する考え方を特性論とよぶ。そして，この数多く想定されるパーソナリティ特性の量的な差ないしは程度の差の組み合わせが，人のパーソナリティの多様性を表していると考えることができる。

（1）　辞書的アプローチに基づく特性論

　あらゆる性格特性をひとつ残らず網羅した一覧表を作りたいと思うとき，あなたならどうするだろうか。オールポートとオドバート（Allport & Odbert, 1936）は，辞書を用いる方法にたどり着いた。辞書には人々が日常で用いる言葉が大量に収録されている。人の性格を表現した性格語（e.g.

せっかち，社交的，など）もその例外ではない。辞書に載っていないが現実には存在する性格というものがあるとは想定しにくいし，反対に，現実に存在していないにもかかわらず辞書には載っている性格語があるとも思えない。つまり，多くの人々が性格だと考えるものは過不足なく辞書の中に収められているはずだと考えられる。そして，辞書の中から性格語を抽出して類義語をまとめていけば，やがて私たち人間の性格という概念の構成要素と全体像をつかむことができると期待できる。オールポートとオドバート（1936）は，アメリカでもっとも代表的なウェブスター新国際辞典から 17,953 語を抽出し，そこから，人間の特性を，他者と比較できない**個人特性**と，他者と相互に比較可能な**共通特性**に分類した。

　その後，オールポートの研究興味は人間学的な方面へ向き，個人の生活や人生のすべてを研究対象とする，実証科学的というよりも現象学的なアプローチによるパーソナリティ研究が展開された。その後はキャッテル（Cattell, R.）が辞書的・語彙的アプローチ（lexical approach）によるパーソナリティ研究を推し進めていく。因子分析という統計手法を駆使し，理論主導型というよりもデータ探索型の姿勢を取り，多量の情報の中からパーソナリティの構成要素を探し求める研究を行う中で，特に重要な 16 の性格因子（16PF：sixteen personality factor）を提案した（**表 8-1**）。

　1980-90 年代には，**5 因子（Big Five）モデル**を支持する研究者が増えてくる。特に有名なものはコスタ（Costa, P. T.）とマクレー（McCrae, R. R.）の研究である。彼らは①神経症傾向（Neuroticism），②外向性（Extraversion），③経験への開放性（Openness to experience），④調和性（Agreeableness），⑤誠実性（Conscientiousness）の 5 因子を重視し，その測定尺度である NEO-PI-R（Revised NEO Personality Inventory）は幅広く使用された

表 8-1 キャッテルの 16PF

親近性	推理性	適応性	支配性
躍動性	規則性	大胆性	感受性
警戒性	抽象性	隔絶性	懸念性
変革性	自律性	完璧性	緊張性

3．パーソナリティの特性論

表8-2 ビッグファイブの5因子とその下位次元

次元	下位次元
神経症傾向	不安，敵意，抑うつ，衝動性，傷つきやすさ
外向性	温かさ，活動性，刺激希求性，よい感情
経験への開放性	空想，審美性，感情，行為，アイデア，価値
調和性	信頼，実直さ，利他性，慎み深さ，優しさ
誠実性	秩序，良心性，達成追求，自己鍛錬，慎重さ

(表8-2)。

　他にも，英語に限らず，オランダ語・フランス語・ドイツ語・ハンガリー語・イタリア語・ポーランド語・韓国語など多様な言語における辞書的アプローチから，パーソナリティには6因子構造が一貫して確認されるという報告もある。5因子モデルと類似した因子とそれに加えて第6の因子として「誠実さ－謙虚さ（Honesty-Humility）」が追加され，HEXACOモデルとよばれる。

　辞書的・語彙的アプローチによるパーソナリティ特性論の問題点は，前提となる理論を構築せず，データドリブンな研究手法を取るところにある。完全無欠なデータはこの世に存在しない。どんなデータも人数・属性・手続き・時代背景などのあらゆる点で限定的なデータである。データが変われば分析結果も変わる。そのため「特性はいくつ存在するのか」「パーソナリティは何因子から構成されるのか」という疑問に対して単一の答えを示すことはできず，研究者ごと・データごとに異なる主張が成立してしまう。そこで次節では，キャッテルの研究に対して「理論的な基礎づけが欠如している」と批判したアイゼンクによる，生物学的基礎に基づくパーソナリティ特性論を紹介する。

(2) 生物学的基礎に基づく特性論

　英国の心理学者アイゼンクは，脳の皮質に由来する**内向性－外向性**（introversion - extraversion）と，大脳辺縁系に由来する**神経症傾向**

(neuroticism）の2次元からなるパーソナリティ理論を提唱した。内向性－外向性の次元は，脳の皮質の覚醒水準の個人差に由来し，内向的な人は外向的な人に比べて，より刺激を受けて興奮しやすい脳をもっているとされる。少しの刺激でも十分な覚醒が得られるため，内向的な人は覚醒が高くなり過ぎないよう，一人でいることを好んだり，静かに読書や音楽を楽しむ習慣をもつことが多くなる。反対に外向的な人は弱くて単調な刺激では満足しないため，覚醒水準を保つために常に新しい情報を求め，多様な他者との関わりをもとうとする。

内向性－外向性の次元が覚醒水準に由来している証拠として，たとえば，同じ条件下で脳波を測定した場合，内向的な人には高覚醒を意味する高周波・低振幅の，外向的な人には低覚醒を意味する低周波・高振幅のアルファ波が確認された。また，覚醒が高いと発汗量が増加し，高い皮膚電気反射（galvanic skin reflex：GSR）がみられるが，内向的な人は一日のほとんどの間，外向的な人よりも高い皮膚電気反射が確認された。他にも，中枢神経系を麻痺させる作用をもつ麻酔薬・睡眠薬を用いた時，服用者が睡眠にいたるまでの薬物の量を比較したところ，外向的な人と比べて内向的な人にはより多くの量が必要となることが明らかとなった。これらの実験的証拠はすべて，外向的な人よりも内向的な人の脳の皮質の覚醒水準が普段から高いことを示唆している。

アイゼンクのパーソナリティ理論の特徴は，生物学的基礎に基づく理論を構築し，それが正しいか否かを実験的に検討した点にあるが，批判や問題点もある。議論の余地が多く残る第三の次元として精神病傾向が提唱されたこと，内向性－外向性に比べて情緒的な安定性を意味する神経症傾向の生物学的基礎が十分に説明されていないことなど，理論と実証が十分に両立したとは言い難い。それでも質問紙調査法の結果だけでパーソナリティをかたるのではなく，脳波・発汗・鎮静剤の作用などの生物的・生理的な指標に注目して実験的検討を試みた姿勢と成果は，科学的なパーソナリティ研究の礎をなしたと言えるだろう。

アイゼンクの教え子であるグレイ（Gray, J. A.）は，内向性－外向性と神経症傾向の2次元を45度回転させ，**不安**（anxiety）と**衝動性**（impulsivity）

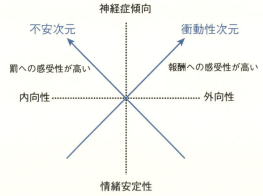

図8-2 グレイのモデルとアイゼンクのモデルの関係

の2次元として捉え直すパーソナリティ理論を提唱した（**図8-2**）。不安の次元は**罰**への敏感さに，衝動性の次元は**報酬**への敏感さに対応しており，強化や学習といった行動主義的心理学の見地から説明できる。さらに不安の次元には行動抑制系（behavioural inhibition system：BIS），衝動性の次元には行動賦活系（behavioural activation system：BAS）という枠組みが与えられ，中枢神経系における覚醒・注意の制御システムを想定した**BIS/BAS理論**として展開されている。

アイゼンクとグレイの理論に共通する問題点としては，2つや3つの少ない次元で人間の複雑かつ深遠なパーソナリティを十分に記述・説明することができるとは思えないことが挙げられる。そこで次節では，先天的な気質側面と後天的な性格側面を折衷した7次元のモデルを紹介する。

（3）生物学的基礎と人間学的考察に基づく特性論

クロニンジャー（Cloninger, C. R.）は4つの気質（**表8-3**）と3つの性格（**表8-4**）から構成される7次元のパーソナリティ理論を提唱した。測定尺度は Temperament and Character Inventory（TCI）と名づけられている。考える前に勝手に反応してしまうような無意識の自動的反応である気質と，意識的にどのような行動をとろうかと計画する傾向である性格は，相互に影

表 8-3　クロニンジャーのパーソナリティ理論における 4 つの気質

	高い人の特徴	脳内の役割	神経伝達物質
新奇性探究	好奇心が高い，衝動的	行動の活性化	ドーパミン
損害回避	不安，恐れ，気遣い	行動の抑制	セロトニン
報酬依存	活発，愛着が強い	社会的接触	ノルアドレナリン
固執	勤勉，野心的，粘り強い	?	?

表 8-4　クロニンジャーのパーソナリティ理論における 3 つの性格

	高い人の特徴
自己志向性	ありのままの自己を受容し，他人や境遇のせいにすることなく責任感をもって，人生の目標に向かって努力する
協調性	多様性のある他者を受容し，思いやりをもって人に協力し，社会的に受容される
自己超越	個を超えた大きな視点で世界をとらえ，物質的なことよりも精神的なことを重要視する

響を受けつつ，その双方によって全体的な個人のパーソナリティが成り立つ。性格や character という語は生得的・固定的で変化しない側面をさす語として用いられることが多いが，ここではそれと反対に，性格という語は後天的に決定される個人差を意味していることに注意が必要である。

　4 つの気質は異なる脳神経回路の機能に由来し，それぞれに対応する神経伝達物質が想定されている。ただし，新奇性探究とドーパミンの関係についてはそれなりに実証的な裏づけが積み重ねられているものの，その他の関係については必ずしも明確な証拠は得られていない。

4. パーソナリティの状況論・相互作用論

(1) 人間－状況論争

　ここまで紹介したパーソナリティの特性論には，特性という個人内要因が個人の行動を決定しているという暗黙の前提があった。その根拠は，**継時的**

安定性（temporal stability）と**通状況的一貫性**（cross-situational consistency）という視点から論じられる。継時的安定性とは，パーソナリティ特性が比較的安定しており短期間に変化することはないことを意味する。日常生活でも私たちは，一朝一夕に性格が変化することはないと感じている。「三つ子の魂百まで」という諺(ことわざ)があるように，幼少期から成人期・老年期までの一生涯を通してさえ，パーソナリティにはある程度の同一性があると信じられている。通状況的一貫性とは，さまざまな異なる場面におかれても同じ人は同じような行動をとり，その人らしさや個性を発揮することを意味する。

個人内要因である特性が人間の行動の安定性や一貫性を生み出している，という考え方に一石を投じたのがミシェル（Mischel, W.）である。彼が著した"*Personality and assessment*"は，パーソナリティの測定における一貫性への疑問を投げかけると同時に，その書名が示す通り，パーソナリティ概念そのものへの精査をも呼びかけ，後に**人間－状況論争**（person-situation controversy）とよばれる議論を巻き起こすことになった。個人内要因よりも個人外の状況要因の方が行動の決定因として重要であると考える**状況論**（situationism）の立場からは，特性のような個人内要因と個人の行動の相関係数は0.30程度に過ぎず，実質的にはパーソナリティによる個人の行動の予測は成立していないことが指摘された。とはいえ，パーソナリティを考える際に個人内要因をまったく想定しないのはあまりにも極端な立場である。そのため，行動の説明には個人内要因と状況要因の双方が必要と考える立場が生まれ，**相互作用論**（interactionism）とよばれた。人間－状況論争の帰結は，それまでの個人の内部にのみ原因を求める特性論的パーソナリティ観に対して，状況要因を組み込む必然性を提示し，パーソナリティ理論全体を進歩させる貢献につながったと言えるだろう。

（2） ケリーの個人的構成概念（パーソナル・コンストラクト）の理論

ミシェルを契機とした人間－状況論争が生じる以前から，パーソナリティを捉える上での状況の重要性に注目していた研究者もいる。その一人であるケリー（Kelly, G.）のパーソナリティ理論では，人間が自分を含めてどのよ

うに世界を知覚し，構成し，解釈しているのか，という側面からパーソナリティの有り様を捉える．その個々人の世界観は，**個人的構成概念**（personal construct）とよばれる．

日常的な例として，たとえば，デートでケーキバイキングに行くことは，A子さんにとってはこの上ない幸福の瞬間として認知されたとしても，甘いものが苦手なB男くんにとっては苦い思い出として認知されるだろう．このようにたとえ客観的に同じ状況におかれていても，主観的な個人の解釈が異なるということが当然ありえる．このような状況への認知や解釈の違いに注目しているという点で，本章ではケリーの理論を相互作用論的立場にあるものとみなして紹介する．個人的構成概念の測定には，役割構成概念レパートリー・テスト（Role Construct Repertory Test：通称 Rep テスト）が用いられる．

ケリーの理論は人間学的・現象学的な要素を多く含んだ抽象的なものであり，また Rep テストで得られるデータも非常に複雑であることから，理論が広く普及したとは言い難い．しかし，1960 年代後半の認知革命とよばれる時期以前から個人の主観的解釈という認知的要因の重要性に気づき，その後に人間－状況論争を巻き起こすミシェルにも多大な影響を与えたことから，ケリーの理論はパーソナリティ理論の歴史的展開上，欠かすことのできないものと言える．

（3） 認知－感情パーソナリティシステム理論

人間－状況論争を通してまとめ上げられた理論的成果は，ミシェルとショウダ（Mischel & Shoda, 1995）の**認知－感情パーソナリティシステム**（Cognitive-Affective Personality System：CAPS）**理論**のモデルにわかりやすく表現されている（図8-3）．

人が直面している状況にはそれぞれ固有の特徴があり，状況の特徴の影響を受けた上で，個人内の認知的・感情的なユニット（目標・信念・感情・動機などの個人内要因）が活性化する．活性化したユニットはさらにまた次のユニットを活性化させたり抑制したりすることで，最終的な行動が決定される．ユニットの結びつき方には個人内で一貫したパターンが存在しているの

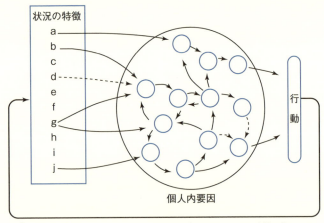

○ 認知・感情ユニット，　→ 活性化プロセス，　┈▶ 制御プロセス

図 8-3　CAPS 理論のモデル図（Mischel & Shoda, 1995）

で，よく統制された状況下では個人の行動は一貫し安定したものとして観察される。私たちはこれまで，それを個人内要因のパーソナリティ特性とよんでいたのである。しかし多様な状況を含む場合には，行動の一貫性・安定性は必ずしも保証されない。またケリーの理論では積極的に考慮されていなかった「感情」の側面が，「認知」と並列してモデル内に取り入れられている。

5. パーソナリティの遺伝環境論争

"健康な1ダースの乳児と，育てる事のできる適切な環境さえあれば，才能，好み，適性，先祖，民族など遺伝的なものとは関係なしに，医者，芸術家から泥棒，乞食まで様々な人間に育てることができる"

行動主義心理学者のワトソン（Watson, J. B.）によるこの言説は，遺伝ではなく経験こそが人を形成するという考えである。このような視点があればこそ，罪を犯した者であっても更生して社会復帰することができるし，人種や性別など生まれつきの要因だけで人生を決めつけられることもない。哲学

者ジョン・ロック（Locke, J.）の人間白紙説（タブラ・ラーサ）もまた，生まれもって人に定められたものは無く，その後の経験・環境こそが人間を特徴づけるという見方である。

一方で，「血は水よりも濃い」という諺は，環境や経験がどうであれ生まれ持った遺伝的要因が人間性に強く影響することを示唆している。このように歴史的には，**遺伝**と**環境**（nature or nurture：**氏か育ちか**）のどちらがパーソナリティを決定するのかが繰り返し議論されてきた。

（1） 家系研究

遺伝がパーソナリティに与える影響に注目した研究として，まず家系研究が挙げられるだろう。たとえば，音楽の父として知られるバッハの一族の家系を見ると，父親や祖父，曾祖父，子どもや孫や曾孫をはじめその他の親族も音楽家が多いという。他にも，歌舞伎や学者の世界で類似したケースは枚挙に暇がない。一方で，犯罪者の家系としてアメリカのジューク家が知られているが，ジューク家9代にわたる2820人について調査した結果を見ると，犯罪者171人，アルコール中毒者282人，売春婦277人，自活不能者366人という結果であったという。「蛙の子は蛙」という諺が言い伝えられているように，親子が似ている所以は，親から子どもに受け継がれた遺伝によるものと考えることができる。

しかし，このような家系調査の研究を理解するときには注意が必要である。なぜなら，親子が似ていたとしても，すべて遺伝による影響とは限らないからである。すなわち，親は子どもに遺伝子を伝えるだけでなく，子どもが育つ環境も提供するからである。

（2） 乳幼児期の気質

遺伝や生まれ持った資質ではなく，生まれた後の経験や環境こそが人間を決定するという考えは，大きな希望を与える一方で，子どもの養育や教育に携わる人々に過度の責任を押し付けてしまう危険性もあることに注意しなければならない。

1956年，トーマス（Thomas, A.）とチェス（Chess, S.）らによるニュー

ヨーク縦断研究が開始された。**縦断研究**（longitudinal study）とは，同一人物に対して一定期間をかけて繰り返し調査することで変化や発達を明らかにしようとする研究方法である。当時は，子どもの性格や行動に問題があれば，それはすべて母親の育て方が悪いのだとみなされることが多かった。しかし縦断研究の結果からは，日常リズムが不安定で新しい環境に慣れにくく，機嫌が悪くなりやすいといった，いわゆる「難しい子」の親の初期の養育態度は，その他の親と何も違う点がみられなかった。むしろ「難しい子」の親は原因が自分の子育てにあると考えて罪悪感や無力感に苦しんでおり，その

表8-5 トーマスとチェスによる乳幼児の気質の9次元

気質次元	
活動水準	身体活動の活発さ，運動の頻度
周期の規則性	食事・睡眠・排泄など生理的機能の規則性
順応性	環境変化への慣れやすさ
接近・回避	初めて接する人・場所・ものへの反応
刺激に対する閾値	刺激に対する敏感さ
反応強度	反応の表出の大きさや明確性
気分の質	機嫌が良いことが多いか少ないか
気の散りやすさ	していることが外的刺激で妨害されやすいか
注意の範囲と持続性	注意の長さ・集中しやすさ

表8-6 トーマスとチェスによる気質の3類型

気質類型	割合	
扱いやすい子	乳児の約40%	日常リズムが規則的，新しい環境に慣れやすい，機嫌が良いことが多い
難しい子	乳児の約10%	日常リズムが不規則的，新しい環境に慣れにくく，機嫌が悪いことが多い
エンジンがかかりにくい子	乳児の約15%	新しい環境に最初は不適応的だが，時間をかけて適応的になる
その他	乳児の約35%	

ため余計に養育の状況が悪化するという悪循環に陥っていたのである。このように，養育が一方的に子のパーソナリティを決定するのではなく，子の生まれもった気質的な特徴が周囲の養育者のふるまいに影響を及ぼすことがありえる。

　トーマスとチェス（1977, 1980）は子どもの9つの気質次元・3つの気質類型を提唱している（**表8-5**，**表8-6**参照，原・望月・山下，1986；稲垣，2006；菅原，1996）。

（3）　行動遺伝学

　行動遺伝学（behavior genetics）とは，行動の科学としての心理学と遺伝学との学際的領域に生まれた学問である。遺伝と環境の双方の影響を適切に理解するための有効な方法として**双生児法**（twin method）がある。双生児には，まったく同じ遺伝子をもつ一卵性双生児と，兄弟姉妹ていどに異なる遺伝子をもつ二卵性双生児が存在するが，この2つのタイプの双生児を調べることで，パーソナリティの特性によって遺伝と環境がどの程度影響を及ぼしているかがわかる。

　図8-4を見て欲しい。2種類の双生児に対して，知能や学業成績，パーソナリティなどを測定し，双子の間で得点が類似している程度を相関係数として表している。相関係数とは，－1から＋1間での値を示し，＋1に近いほど2つの得点が類似していることを示している。なお，ゼロは全くバラバラで無関係である。このことから，一卵性双生児と二卵性双生児とを比較したときに，相関係数の差が小さければ遺伝ではなく，環境の影響が強いと判断することができる。それに対して，相関係数に大きな差があれば，遺伝による影響が強いと判断できる。

　さて，結果を見ると，知能や5因子モデルの外向性，クロニンジャー理論の固執は一卵性と二卵性で開きがある。すなわち遺伝による影響が比較的大きいと考えられる。一方，自己志向性や協調性などの性格は一卵性と二卵性で開きが小さく，相対的に類似している。これはクロニンジャー理論における気質よりも性格の因子の方が，環境の影響を相対的に強く受けることを意味している。パーソナリティは遺伝と環境の相互の影響を受けて形成されて

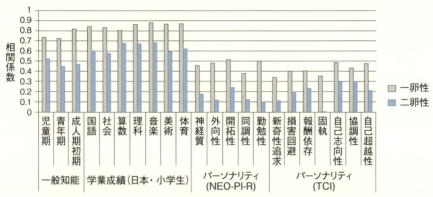

図 8-4 心理的特徴における一卵性双生児と二卵性双生児の相関
（安藤, 2017 より抜粋）

注）神経質は神経症傾向, 開拓性は経験への開放性, 同調性は調和性, 勤勉性は誠実性, と同等の意味である。

おり，それぞれの影響の大きさは心に関する側面ごとにも異なっている。

　人の知能や才能，パーソナリティや人生そのものが，遺伝によって100％決定してしまうという科学的証拠はどこにもない。しかし，あらゆる行動には大なり小なり遺伝的影響があることもまた事実である。遺伝子も私たち人間の心を構成する重要な一部であることに間違いはない。現在では，遺伝環境論争がたどり着いた答えは，氏も育ちも（nature and nurture），であると考えられている。

コラム：血液型とパーソナリティ

　おそらく多くの人にとって最も馴染みのあるパーソナリティに関する話題は，血液型パーソナリティ説であろう。明治時代から，A型の人は几帳面，O型の人はおおらかなど，各血液型に応じたパーソナリティの特徴が知られている。また，最近でも，女性雑誌で血液型にまつわる特集が組まれたり，テレビでも血液型をあつかった番組が放送されている。では，多くの人の思い込みのように，血液型とパーソナリティは関連性があるのだろうか。

　血液型パーソナリティ説のルールは，1927年に東京女子高等師範学校の古川竹二教授が「血液型による気質の研究」という論文を発表したことに端を発している。いわゆる，人間の身体に流れている血液には4種類あり，その違いが人の個性を産み出しているとする考え方である。当時は今ほど話題になっていなかったが，戦後から大きな話題となり，現在に至っている。

　では，血液型とパーソナリティの関係は科学的に実証されているのかと言えば，実に多くの研究が行われているが，必ずしもそのことを支持するデータは得られていない（e.g. 縄田，2014）。ではなぜ多くの人が信じてしまうのだろうか。その一つの理由は，各血液型の性格特徴は実は誰もが当てはまりやすいものであるため，自分の血液型の特徴があたかも当たっているかのように考えてしまうのである。また，自分のことを知りたいという欲求の強さも，直感的に理解しやすい血液型の話を信じ込むよう拍車をかけているのかもしれない。

　また，我々が，血液型パーソナリティ説に関するステレオタイプ（たとえば，A型は几帳面である）をもっていると，A型の人の几帳面さを示す情報にだけ注目し，そうでない情報を無視するような選択的知覚を行う。すると，"やはりA型の人は几帳面だ"とステレオタイプが現実を正しく反映していることを確認し，いっそうステレオタイプを強めるのである。

◀ 章末問題 ▶

8.1 パーソナリティに関連する個人差を表現した用語の中でも特に，生物学的・身体的な特徴に由来し，生後の経験や養育によって形成されたというよりもむしろ持って生まれた生来の特徴とみなされるものを何というか述べよ。

8.2 パーソナリティ理論の中でも，個人をいくつかの典型的なパーソナリティ・タイプに分類して当てはめる考え方を何というか述べよ。

8.3 アイゼンクのパーソナリティ理論において，内向性－外向性と神経症傾向の2次元はそれぞれ，人の中枢神経のどのような部位に由来するものと想定されていたか述べよ。

8.4 個人内要因である特性が人間の行動の安定性や一貫性を生み出している，という考え方と，個人内要因よりも個人外の状況要因の方が行動の決定因として重要であると考える2つの立場が巻き起こした論争を何というか述べよ。

8.5 双生児法などの研究手法を用いて，遺伝と環境の双方が人の行動やパーソナリティに及ぼす影響を研究する学問を何というか述べよ。

◀ 参考文献 ▶

木島伸彦（2014）．クロニンジャーのパーソナリティ理論入門―自分を知り，自分をデザインする　北大路書房

小塩真司（2010）．はじめて学ぶパーソナリティ心理学―個性をめぐる冒険　ミネルヴァ書房

小塩真司・中間玲子（2007）．あなたとわたしはどう違う？―パーソナリティ心理学入門講義　ナカニシヤ出版

鈴木乙史・佐々木正宏（2006）．人格心理学―パーソナリティと心の構造　河出書房新社

鈴木公啓・荒川　歩・太幡直也・友野隆成（2018）．パーソナリティ心理学入門―ストーリーとトピックで学ぶ心の個性　ナカニシヤ出版

丹野義彦（2003）．性格の心理―ビッグファイブと臨床からみたパーソナリティ　サイエンス社

戸田まり・サトウタツヤ・伊藤美奈子（2005）．グラフィック性格心理学　サイエンス社

若林明雄（2009）．パーソナリティとは何か―その概念と理論　培風館

9章 社会

> 人間は社会的動物（social animal）と形容されることがある。これは，人間は社会のなかで群れを作って生活を営むためである。そのために，私たちは，自ずと他者や集団から影響を受け，また同時に他者や集団へと影響を与えている。このように，社会の中で生じる人間の心理や行動を扱う領域が社会心理学の分野である。社会で生じる心の問題は非常に多岐にわたり，社会心理学では多様なテーマが探求されている。本章では，社会的認知，社会的影響，対人関係，そして集団について学習する。

1. 社会的認知

　人が，身のまわりの社会的環境をどのように認知するかは，その後の行動を大きく左右する。この社会的環境，すなわち他者や集団，またそれらを取り巻く環境について，人がどのように認知するかは，広く社会的認知というテーマで研究が蓄積されてきた。

(1) 印象形成

　人が他者と関わる上で最初に行うことは，相手がどのような人か見極めることだろう。他者がどのような人物かに関するいくつかの情報を統合して，その人の印象を形成することを**印象形成**とよぶ。

　人はどのような手がかりに基づいて印象形成を行うのか。かつて，アッシュ（Asch, S. E.）は，ある人物に関する特徴として，いくつかの性格形容詞からなるリストを提示して，その人に関する印象を比較した。そのリストは2種類用意された。

　　リストA「知的な－器用な－勤勉な－あたたかい－決断力のある
　　　　　　－実際的な－用心深い」
　　リストB「知的な－器用な－勤勉な－つめたい－決断力のある
　　　　　　－実際的な－用心深い」

　2つのリストで，ほとんどの性格特性は同じ内容であるが，1か所だけ異なる。すなわち，リストAでは「あたたかい」が，リストBでは「つめたい」になっている。実験の結果，このわずか1か所の違いによって，2つのリストの印象に大きな違いがみられ，リストAの方がリストBよりもずっと好意的な印象をもたれていた。「あたたかい」のように，人の印象形成に重大な影響を及ぼす特性のことを**中心特性**とよぶ。それに対し，人の印象にそれほど影響を与えない特性のことを**周辺特性**とよぶ。

　また，情報の提示順序によっても，形成される印象が異なることがある。アッシュの別の印象形成実験では，性格特性を示す形容詞は同じ6単語からなるが，順序が異なる2種類のリストを使用した。このとき，好ましい特性を先に呈示した人物のほうが，好ましくない特性を先に提示した人物よりも良い印象をもたれることがわかった。これはリストの最初で先に提示された特性語がその人の印象を方向づけるためである。好ましい特性語から説明が始まることで，その人物は好ましいという方向で印象が形成され，最後までその好ましい印象が維持される。

　さらに，印象形成では，「望ましい情報」と「望ましくない情報」は等し

く吟味されるわけではない。人が印象形成を行うときには，特に望ましくない情報に重みづけを置いた印象形成が行われる。すなわち，少しでも望ましくない情報があると，その人物の印象が大きく悪化する。これは**ネガティビティ・バイアス**とよばれる。たとえば，フィスク（Fiske, S. T.）の実験では，非常に望ましくない情報に対する注視時間が最も長いことが示されている。

（2） 対人認知における歪み

他者に対する印象を形成する際，人は，その人物に関する情報を十分に吟味して印象を形成するわけではなく，**ヒューリスティック**（直観的）に判断する傾向がある。人間の情報処理の能力には限りがあるので，可能な限り認知的負担を減らして情報処理を行おうとする。そのため，人間の認知の特徴は**認知的倹約家**だと形容される。ヒューリスティックな判断は，ある意味人間が複雑な現実状況を適応的に生きるための有効な方法であるが，ヒューリスティックに判断する結果，さまざまな認知の歪み（認知バイアス）が生じることがある。

▶ **基本的帰属のエラー**

基本的帰属のエラーとは，他者の行動を見たときに，性格や能力などのその人本人の内的な属性が，その行動の原因だろうと推測する心理傾向をさす。

たとえば，自分の目の前で信号無視をした車のドライバーがいたという場面を想像してほしい。このドライバーが信号無視をした原因を素朴に推測したときに，多くの人は「このドライバーが無謀な性格だからだ」とか「ルールを守らない性格だからだ」と考えてしまう。つまり，信号無視という行動の原因はそのドライバーの内面にあると考えてしまいがちである。しかし，もしかすると急病人を連れて行くために一刻を争っているのかもしれない。この場合には「急ぐべき事情がある」といった状況要因が原因なのであるが，人は状況要因が原因だとは気づきにくく，想像が及ばない。他者の行動は，状況ではなく性格や能力が原因だとつい見てしまいがちだといえる。

基本的帰属のエラーは，まさに社会心理学が指摘している「人間は状況の影響を大きく受けている」という事実に人は気がつきにくいことを示してい

る点で，社会心理学において最も重要な認知バイアスの一つである。

▶ハロー効果（光背効果）

ある特性が優れていれば，十分に知らなくとも他の特性も優れているだろうと自動的に判断しがちであることを**ハロー効果（光背効果）**とよぶ。たとえば，外見が美人であれば，しっかりしている，もしくは育ちが良いと判断されやすいことがある。その反対に，一部が悪いことで，他の側面まで悪く見えることもハロー効果である。たとえば，学業成績が悪い人が，素行までも悪いと判断されることが挙げられる。

▶ステレオタイプ

たとえば，ある外国人の男性がブラジル出身と聞いて「サッカーが上手いだろう」と想像したことはないだろうか。冷静に考えると，当然サッカーが下手なブラジル人もいるはずである。このように，ある集団に所属する特定の人々がもっている特徴を，その集団に所属しているすべての人が共通して備えていると考える傾向のことを**ステレオタイプ**とよぶ。他にも，公務員は真面目だ，関西人はユーモアがある，イタリア人は陽気だといったステレオタイプが挙げられる。

ステレオタイプは一種の思い込みを通じて，判断や記憶を歪ませることがある。たとえば，ダーリー（Darley, J. M.）とグロス（Gross, P. H.）の実験では，事前にもつステレオタイプが対人認知を歪ませることが示された。教室で先生の質問に答える女の子を見たときに，事前にその女の子が「貧しい家庭の子供」であると示されたときには，「中流家庭の子供」だと事前に示されたときよりも，その子の学力が低く判断された。「貧しい家庭の子供は学力が低い」というステレオタイプをもつことで，実際はそうとも限らない場面でさえ，自分の思い込みどおりの判断をしてしまいがちだといえる。

特に，否定的なステレオタイプが形成されたとき，それは差別と結びつき，社会的な問題となる。たとえば，黒人，女性，同性愛者といった社会的マイノリティへの偏見が挙げられる。差別の理解と解消をめざすためには，特に否定的な側面のステレオタイプが形成され，社会的に共有されていくプロセスの理解が非常に重要である。

2. 社会的影響

(1) 態度と認知的一貫性

人は、さまざまな対象について肯定的あるいは否定的な評価を抱く。こうした、良い-悪い、好き-嫌い、賛成-反対など評価的な反応のことを**態度**という。態度は、大きく感情、認知、そして行動への準備状態の3要素から構成される。たとえば、「タバコ」を例に考えてみよう。タバコに対して、好き-嫌い、快-不快などの評価は**感情**の要素である。また、タバコは健康を害する、ストレス解消になるなどの肯定的評価・否定的評価や情報を評価した結論などは**認知**の要素である。また、タバコを吸う、あるいは吸わないなど実際に自分の行う行動が**行動**の要素である。

現実的には、人は同じ対象に対しても多様な態度をもっている一方で、その自分のもつ複数の態度や行動の間に一貫性を求める基本的傾向が存在する。その2つの代表的な理論を紹介しよう。

▶**認知的不協和理論**

人は、態度間の矛盾や言行不一致（態度と行動の矛盾）が生じると心理的に不快な状態が生じる。これを**認知的不協和**とよぶ。このとき、人は行動や態度を変化させて、不協和状態を低減しようとする傾向がある。

先の例にならって、タバコの例で考えてみよう。タバコを吸っている行動と、タバコは健康に悪いという態度には矛盾が生じている。これが認知的不協和である。このとき、不協和や不快感を低減するために、大きく2つの方略が行われる。行動を態度に合わせること、もしくは、態度を行動に合わせることである。行動を態度に合わせるとは、まさに「タバコをやめる」ことである。しかし、多くの場合そうではなく、態度を行動に合わせることが行われる。すなわち、タバコがいかに有害かに関する情報を避けたり（新たな情報への選択的接触）、タバコはストレス解消になると考えたり（新たな認知の付加）、タバコと肺ガンなどの因果関係は未だ十分ではないと考える（認知の変化）などの方法を選択する。こうした方略を駆使し、自らの喫煙を正当化する形で不協和を低減する。

こうした認知的不協和を明らかにしたフェスティンガー（Festinger, L.)

とカールスミス（Carlsmith, J. M.）の実験を紹介しよう。彼らは，実験参加者に対して極めてつまらない作業をしてもらった。当然この作業の面白さを評定してもらうと，参加者はつまらなかったと評価した。しかし，ある実験条件では，作業後に，実験報酬を1ドル上乗せするから，次の実験参加者に「この作業は面白かった」と伝えて欲しいと依頼された。その結果，次の実験参加者に「面白かった」と言った参加者は，その作業を興味深いと評価した。これは「『面白かった』と言う」行動の方に合致するよう，「つまらなかった」から「面白かった」へと態度を変容させることで，認知的不協和状態を解消しようとしたのだと言える。

　なお，「面白かった」と言う報酬として20ドルという高額をもらった場合には，「面白かった」と言っても作業に対する態度は変容しなかった。それは，報酬が高額であったために，態度と異なることを述べる行動が，十分に正当化できたためである。逆に言うと，1ドルという少額であったからこそ，自分が「面白かった」と言ったことが十分には正当化できず，態度と行動に認知的不協和が生じ，態度を変容させたのだといえる。

▶ バランス理論

　認知的不協和理論は，個人内の態度間で生じる不協和を扱っていた。それに対し，ハイダーは，自分を含めた三者関係の好悪関係について**バランス理論**を提案している。これによると自分（P）と他者（O），対象（X）との間には，バランスがとれ矛盾のない均衡状態と，バランスの悪い矛盾が生じている不均衡な状態が存在するという。そして不均衡状態の時には，それを解消するように動機づけられるという。

　図9-1を見て欲しい。ここには，均衡状態と不均衡状態を示すパターンが描かれている。好意的態度はプラス（＋），非好意的態度はマイナス（－）として表されている。そして，3つの符号の積がプラス（＋）となれば均衡状態（バランス状態），一方，3つの符号の積がマイナス（－）となれば不均衡状態（インバランス状態）となる。もしもインバランス状態であれば，人はバランス状態となるように動機づけられる。インバランス状態では，どこかの符号を変化させることで，バランス状態へと移行させることが多く，このとき態度の変容が生じる。

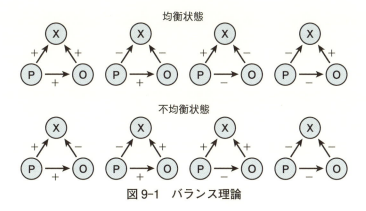

図9-1 バランス理論

(2) 説　得

　人が，他者の態度や行動をある特定の方向に導くことを目的としたコミュニケーションのことを説得という。たとえば，お店で店員さんに上手く商品を勧められて，いつの間にか購入することになった経験はないだろうか。ここでは効果的な説得技法，ならびに受け手側の態度変容プロセスを見ていこう。

▶説得技法

　最初に，受け手の態度変容を引き起こす効果的な説得技法から見てみよう。チャルディーニ（Cialdini, R. B.）は，相手を説得するために有効な技法として**フット・イン・ザ・ドア・テクニック**を挙げている。これは，訪問販売のセールスマンが玄関先で訪問販売をしようとした場面で，つま先を入れて「まずは話を聞いてもらう」ことから説得が始まることから，こうした名称が付けられている。話だけなら，とセールスマンを玄関に入れることになるが，この小さな要請への承諾が，最終的に商品を購入することにつながる。すなわち，「話を聞くだけ」と小さな要請に対して承諾すると，その後は断りにくくなり，最終的に本来の要請である商品購入への依頼が承諾される可能性が高くなるという技法である。人は一度イエスと言うと，次にノーと断りにくくなるという心理が利用されたものである。

　フット・イン・ザ・ドア・テクニックと並ぶ有効なテクニックとして，**ドア・イン・ザ・フェイス・テクニック**という技法も挙げられる。このテクニックでは，断られることを前提にした大きな要請を要求し，まずはそれを

拒否させる。その上で，相対的に小さいが本来の説得したい水準の要請をすると，その要請は受け入れられやすくなるというものである。これは譲歩の返報性に基づいており，依頼相手からの大きな要請を断った後に，依頼相手が要求を譲歩したように感じられることで，「自分も譲歩しないといけない」と負債感を感じることが原因だとされる。

▶ **精緻化見込みモデル**

受け手が，説得的なコミュニケーションを受け取ったとき，その情報をどれくらい丁寧に精緻化して処理するかによって，態度変容に至る経路が中心ルートと周辺ルートの2種類に分かれる（図9-2）。

ある情報について受け手が，十分に考える動機づけと能力がある場合には**中心ルート**の経路をたどることになる。中心ルートは，メッセージの情報について入念な吟味（精緻化）がなされ，その過程でメッセージの内容に対しどのような認知的反応（好意的な考えや非好意的な考え）をどの程度生成したかによって態度変化の方向が決まる。一般的に，中心ルートの方が，情報を精緻化して吟味しているため，態度は強固になりやすい。

他方，メッセージを処理しようとする動機づけや能力が低い場合には，メッセージ処理に際して，簡便な判断方略が採用される可能性が高くなる。「専門家の言うことだから正しいだろう」という類の判断は**周辺ルート**とよばれる。

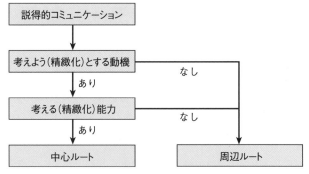

図9-2　精緻化見込みモデル

3. 対人関係

(1) 対人魅力

初対面の相手と仲良くなる際に、その人を何か好きだと感じられることがあるだろう。このように、特定の相手に対して、好意や魅力を感じることを**対人魅力**とよぶ。対人魅力を決める要因の一つは、**近接性**である。学校生活でも、最初に近くに座る学籍番号の近い相手と友だちになりやすいことは思い出されるだろう。フェスティンガーが、アメリカの大学の学生アパートを調査したところ、部屋が近い相手が友人として選択される割合が高いことが示された。

近接性が対人魅力を引き起こす理由の一つとして、**単純接触効果**があげられる。単純接触効果とは、何度も接触する人物やものに対して、人は好意を感じるという効果である。ザイアンスの実験では、繰り返し呈示をされる回数の多かった顔写真の人物ほど、より高い好意を抱いていることが示された。だからこそ、CMは何度も耳にすることで効果をもたらすのである。

また、相手が自分と似ていること（**類似性**）も対人魅力を高める要因である。人は、自分と考え方や態度が似ている相手を好きになりやすい。その理由として、相手と自分の態度や価値観の類似性が高いことで、自分の考えの正しさが確認できて安心できること、お互いに理解が容易であり相手から好かれていることが期待できること、相手と自分に一体感を感じられることが挙げられる。

(2) 自己開示による人間関係の深化

「知り合い」からさらに「親友」とよべるような親密な対人関係へと発展してく上で、重要な役割を担うのが**自己開示**である。自己開示とは、特定の相手に対して、自分自身に関する情報を言葉で伝えることである。自己開示には、多様な側面を伝えるという「広がり」の側面と、よりプライベートで内面的な側面を伝えるという「深さ」の側面がある。人間関係がより親密になってくるにつれて、「広く」「深い」自己開示がなされるようになる。自己開示には返報性があり、相手が行ったのと同程度の自己開示を相互に行いあ

いながら，親密さは進展していく。その一方で，いつでも内面的な自己開示を行えばよいのではなく，関係の進展度合いに合わせた広さと深さの自己開示を行うことが必要である。

(3) ソーシャル・サポート

　日常生活において周囲の人間から受ける支援や援助をソーシャル・サポートとよぶ。ソーシャル・サポートを得ることで，心身ともに健康な状態になることが示されている。たとえば，国内外の統計で，配偶者がいる人は配偶者がいない人よりも，また親密な友人が多い人ほど，死亡率が低いことが示されてきた。特に，家族の死別などの出来事は大きなストレスを生じさせるが，そうした場合にも，周囲の人間から適切なソーシャル・サポートを受けることで精神的健康の悪化が生じにくくなる。

　ソーシャル・サポートには大きく2つの種類がある。1つ目の道具的サポートでは，受け手が問題に対処する手段や道具となる資源や情報を直接与えるものである。主に，問題に詳しい，得意な人から提供される。たとえば，パソコン業務が苦手な人に，パソコンを得意な同僚が使い方を教えたり，肩代わりしたりするといったものである。もう一つが情緒的サポートである。受け手の気持ちへと働きかけるようななぐさめ，励ましである。主に家族や友人など親密な関係にある人から提供される。たとえば，仕事がうまくいかず悩んでいる友だちの話を聞き，励ますといったものである。

4. 集団過程

(1) 集団とは

　人は，複数の人からなる集団になると，一人でいる時とは異なる心理状態や行動となることがある。たとえば，仲間と一緒に仕事に取り組むことでいつも以上に良い結果が得られたり，仲間と議論することで自分だけでは思いつかないような発想が生まれたりすることがある。逆に，仲間と一緒にいることを隠れ蓑にして手を抜いたり，一人では決してやらないような危険なことも仲間と一緒に犯してしまったりすることもあるだろう。

集団とは「何らかの共通の目的をもち，相互に依存し影響を及ぼしあう2人以上の集まり」のことをさす。ある会社の部署やスポーツチームなどは典型的な集団である。逆に，単なる人の集まりのことを集合や群衆とよぶ。バス停でバスを待つ人々やコンサートであるアーティストに声援を送っている人たちは集合である。

（2）　集団規範と同調
▶集団規範
　集団が形成されると，メンバー間で相互作用がなされる中で，次第に「この集団ではこうすべき」といった集団の基準ができあがる。その多くは明文化されておらず，集団内で暗黙に共有されたものである。このように「集団のメンバーに共通に期待される標準的な考え方や行動様式」のことを集団規範とよぶ。たとえば，多くの会社では，始業時間が定められている。しかし，「始業時間30分前には集まって当然」という規範もあれば，「始業時間時点で出社していればよい」といった規範まで会社ごとに規範はさまざまである。また，あまり早く行き過ぎても周りから嫌な顔をされることもあるだろう。このように，その集団ごとに何時頃に出勤することが望ましいかの規範が存在する。そして，集団のメンバーは，集団規範に沿った行動をとることが期待される。集団規範に逸脱した行動を行ったメンバーは逸脱しないように圧力がかけられ，ときには拒否や排斥がなされる。

　規範の形成に関する古典的な実験として，シェリフ（Sherif, M.）の規範形成実験を紹介しよう。この実験では自動光点運動とよばれる，暗い部屋で光の点をじっと見ていると，実際には動いていないのに動いているように見える錯視現象を利用した。この実験では，まず一人で暗室に入って光点の動きの長さを報告してもらう。その後，3人一組で暗室に入ってもらい同じよう動きの長さを報告してもらう。すると，報告された長さは，最初はバラバラであったが，回数を重ねるにつれ同じ長さへと収束していった。このことは，この集団ではこのくらいの長さを答えるのが適切だという規範を形成したことを示している。

▶ **同　調**

　人は集団の他のメンバーと同様の行動を行うことがある。これは**同調**とよばれる。

　アッシュは多数派への同調を実験的に明らかにした。この実験は，視覚実験と称して，8人集団に対して行われた。**図 9-3** にあるように，まず標準刺激の1本の線分と比較刺激の3本の線分が呈示され，3本の中から標準線分と同じ長さのものを選ぶという課題である。この課題は通常ほとんど間違えることがないものである。

　ここで，8人が順に回答していくが，実は8人の成員のうち7人がサクラ（仕込みで演技する人）であり，一貫して誤って回答していた。つまり，自分以外が明らかに間違えた場面で，どのくらい間違いに同調したのかを調べた。実験の結果，誤答は全施行の32%にも達した。また74%の参加者は少なくとも1度は誤った回答をした。

　なお，サクラの1人でも正しい回答をすると，実験参加者の同調率は大幅に低下した。このことから，集団への同調は，特に集団が一枚岩であるときに圧力が高まり同調が起こりやすくなることを意味している。

　では，なぜ同調が生じるのだろうか。ドイッチとジェラードは，2つの影響過程を挙げている。1つは，自分ひとりだけが逸脱することで集団の他のメンバーから嫌われたくないという理由であり，**規範的影響**とよばれる。先のアッシュの実験はこれに該当する。

　もう1つは，正しい情報を得たいという気持ちから，集団の他のメンバーの意見を受け入れる**情報的影響**である。たとえば，行列のできたレストラン

標準刺激

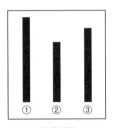
比較刺激

図 9-3　アッシュの同調実験

に自分も並ぶ場面が典型である。多くの人が並ぶことから「美味しいお店だ」という正しさに関する情報を得て，その場の人と同じ行動を取ったのだといえる。

（3） 集団の生産性

皆で一緒に力を合わせて，一緒に仕事に取り組むという場面は，職場でも学校でも珍しくないだろう。しかし，社会心理学の研究では，集団で協力し合いながら，高い生産性を生み出すのは，そう簡単ではないことが示されている。

▶ 社会的手抜き

集団で作業をするとき，集団のメンバーの数が増えれば増えるほど，1人あたりの作業量が減少することになる。たとえば，班活動でアイディアを考えなくてはならない場面を想像してみよう。一人であれば必死になってアイディアを考えるものの，集団で考えるときには他の人に任せてしまい，あまり必死に考えないこともあるだろう。

ラタネ（Latané, B.）は，こうした現象を**社会的手抜き**とよび，次のような実験で明らかにしている。彼は，「大声をあげる」あるいは「手を叩いて大きな音を出す」といった課題を，集団のメンバーの数を増やしながら行った。しかし，実際に，本当の実験参加者は1人だけで，他のメンバーはいると思わされているだけであった。すると，集団のサイズが大きくなればなるほど，1人あたりの音圧が低下することが明らかになった。すなわち，1つの課題に従事する人数が増えるほど個人は手を抜くことが明らかにされた。

社会的手抜きの原因は，大きく2つあり，一つが他のメンバーに任せてしまい，自分の最大限の努力をしなくなること（モチベーション低下），もう一つがタイミングを合わせて拍手するといったメンバー同士が息を合わせるのに失敗しがちであること（行為の相互調整の失敗）があげられる。

▶ 集団意思決定

日本では，「3人寄れば文殊の知恵」という諺が伝えられているように，一人よりも，集団で話し合った方が良いアイディアが生み出され，また課題や作業も効率的に遂行できるとされている。実際にこれは正しいのだろうか。

4. 集団過程　　143

実は，この問題はそれほど単純ではない。

まず，集団での判断や意思決定は，個人が1人で行った場合の平均と比べて優れていることが多い。そのため，集団の判断は個人がばらばらに行うよりも平均では良いとはいえる。その一方で，集団で一番良い個人のパフォーマンスよりも高いレベルには達しないことが多いことも知られている。言い換えると，集団によって平均的に優れた意思決定ができる一方で，集団の中の最優秀者が1人で判断した場合よりは劣ってしまうことになる。

こうしたように，集団で生産性をあげようとしたときに，現実的では，集団の活動の過程の中で何かしらの損失が存在する。これを**プロセス・ロス**とよぶ。プロセス・ロスは，集団のサイズとともに増加していく傾向がある。つまり，集団サイズが大きくなるほど，集団生産性には無駄が多くなる。プロセス・ロスの原因は，社会的手抜きと同じく，モチベーションの低下と，行為の相互調整の失敗の大きく2点が指摘されている。

また，意思決定の結果として，集団は極端な判断をしてしまいがちである。集団で話し合いをすることで，メンバー個人がもともともっている選好よりも極端な意思決定がなされやすい。これは**集団極性化**とよばれる。集団のメンバー一人ひとりがもともとリスクを取るような考えをもっているときには，集団全体でよりハイリスク・ハイリターンの意思決定を行われる傾向がある。逆に，メンバー個人が安全志向の考え方をもっているときには，集団全体でもっと安全志向の意思決定がなされる。このようにメンバー全体のもともともつ傾向が，より極端になる形での意思決定がなされるのが，集団意思決定の特徴なのである。

優秀なメンバーが集まった集団で意思決定を行った場合でさえ，その話し合い次第で愚かな意思決定となってしまうことがある。ジャニス（Janis, I.）は，集団での意思決定が失敗を招いた事例を収集・分析した。その中で，的確な意思決定ができなくなる歪んだ考え方の思考様式の存在を指摘し，これを**集団浅慮**と名づけた。集団浅慮の兆候として，①自分たちは絶対に失敗しないと思い上がった考えをしてしまうこと（勢力・道徳性の過大評価），②自分たちに不利となる情報を無視し，型にはまった考えをしてしまうこと（精神的閉鎖性），③異議を唱えるメンバーに圧力が加えられること（斉一化

144　9章　社会

への圧力）が指摘されている。凝集性の負の側面として，特に多様な意見が許されないような集団状態となることが最大の原因だとされる。

（4） 集団のリーダーシップ

集団がうまく機能するかどうかは，ある特定の人物によるリーダーシップによるといっても過言ではない。リーダーシップ次第で，集団がまとまり，チームワークが発揮され，また高い業績や創造性が実現することは，誰もが知るところである。

リーダーシップとは，「集団目標の達成に向けてなされる集団の諸活動に影響を与える過程である」と説明される。すなわち，集団は目標を達成するために，さまざまな活動を行うが，その活動の方向性を定めたり，メンバーをやる気にさせたり，メンバー同士の協力・連携を促すように導く（リードする）影響力のことをリーダーシップとよぶ。

リーダーシップには大きく2つの機能（スタイル）がある。1つは目標達成機能（P機能）であり，集団の目標達成に寄与するリーダーの働きかけのことである。もう一つは集団維持機能（M機能）であり，集団メンバーの人間関係に配慮した働きかけである。三隅二不二が提唱したPM理論では，2つの機能のどちらか一方ではなく，図9-4にあるように，2つの機能を両方兼ね備えたPM型リーダーシップが集団の生産性が最も高く，またメ

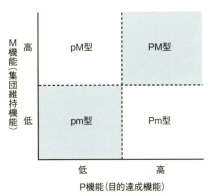

図9-4　PM理論（三隅，1984より作成）

ンバーの満足感やモチベーションも高いとされている。

◀ 章末問題 ▶

9.1 基本的帰属のエラーとは何かを説明しなさい。
9.2 タバコを例に挙げて,「喫煙し続ける心理」に関して,認知的不協和理論から説明しなさい。
9.3 同調の2つの影響過程をそれぞれ説明しなさい。
9.4 リーダーシップのPM理論の特徴を説明しなさい。

◀ 参考文献 ▶

安藤清志・大坊郁夫・池田謙一(1995).現代心理学入門4 社会心理学 岩波書店
池上知子・遠藤由美(著)(2008).グラフィック社会心理学 第2版 サイエンス社
潮村公弘・福島 治(2007).社会心理学概説 北大路書房
小林 裕・飛田 操(2000).【教科書】社会心理学 北大路書房
岡本浩一(1986).社会心理学ショート・ショート 実験でとく心の謎 新曜社
山田一成・北村英哉・結城雅樹(編著)(2009).よくわかる社会心理学 ミネルヴァ書房

10章 文　化

　長髪が流行った90年代に高校生時代を過ごした筆者は，比較的長髪でも違和感が無い。しかし，今日の男子学生達の髪型は，襟足を刈り上げるなど，筆者としてはやや気が引けるほどの短髪である。髪の長さについての感じ方を，感情的な評価を伴う心的過程とすると，筆者と学生との間には，同じ刺激に対して生じる心的過程に違いがある。この違いは，筆者と同じ年代の人々の多くに共有されており，学生の多くには共有されていない，意味づけの違いである。

　物事に対する意味づけやそれに基づく行動は，個人の内部に存在する機序のみにその原因を求めることはできない。学習の章で学んだように，私達は刺激同士の結びつきから刺激の意味を理解し，感情の章で学んだように，私達は経験から物事の評価や主観的な体験に個人差が生じる。学習は，個人が暮らす社会・文化的環境の中で生じる。本章では，この考えを敷衍し，私達が暮らす社会・文化的環境文脈が，どのように私達の心や行動と絡み合っているかについて，比較文化心理学や文化心理学という心理学の応用分野から知見を学ぶ。

1. 文化の定義

文化という概念は，本来は文化人類学の研究テーマであり，心理学ではこういった分野での文化の定義を踏まえた「文化」の比較を行っている。それゆえ，まずは文化という概念の理論的定義の変遷について紹介する。

(1) 文化

文化人類学の父，タイラー（Tylor, 1871）は，文化を「知識，信念，芸術，法律，道徳，習俗など，人が社会の一員であることで獲得した能力や習慣」であるとし，物質的要素から心理・行動的要素に至るさまざまな概念を文化の定義に含めた。これに対し，ハースコヴィッツ（Herskovitz, 1948）は，文化を「環境の中で人が創った側面」であるとし，ミード（Mead, 1953）は，文化を「社会やその下位集団に共有される学習された行動」であるとして，観察可能な対象に比重を置いた定義を行った。20世紀後半に入り，ギアーツ（Greetz, 1973）は，文化を「歴史的に伝達された，象徴に込められた意味のパターン」であり，「人々が相互に伝え，永続させ，人生に対する知識や態度を形成することで象徴的な形で表現される，受け継がれた意味の体系」であるとし，人々に共有・伝播された意味に焦点を当てた定義を行った*。

こうした文化人類学の文化の定義を土台に，20世紀の後半，心理学に応用される文化の定義が生まれた。クルーバーとクラックホーン（Kroeber & Kluckhohn, 1952）は，20世紀前半までに存在した160以上の文化の定義を収集した。その結果，文化は「人工物にも具体化される，人間集団の特徴的な成果を成す象徴によって獲得されて伝達された，明示的・暗黙的な行為と，行為のための様式」であり，「文化の核心とは，伝統的な（すなわち歴史的に受け継がれ，選択されてきた）考えと，特にそれらに付与された価値づけである」ことを見出した（p.181）。また，彼らは「文化の体系とは，行為の産物であると同時に，さらなる行為を条件づける要素である」とも指摘した。

---

* ギアーツの観点を実現する一つの研究方法は「厚い記述」とされ，たとえば参与観察などによって特定の文化集団について記述する質的研究法がこれに該当する。

すなわち，文化は，我々が社会集団の中で気づかないうちに物事に対して行う意味づけや価値，行動の仕方であり，これらは学習され，時代を超えて伝播する。

社会心理学者のトリアンディス（Triandis, 1972）は，まず文化を，物質的文化（例：道具，建物など）と主観的文化（価値観，役割，態度など）に分け，心理学の研究対象として重要なのは**主観的文化**であるとし，これを「文化的集団に特徴的な，環境の中で人が創った部分に対する捉え方」であるとした。また，主観的文化は，それを共有する集団内で通じる論理（例：会社への忠誠を私生活より重視し，上司として面子を保ち，給料で規定されない領域や時間まで仕事を行おうとする態度をもつことが一人前の社会人であるというような，ある社会集団で通じる論理）によって特定のテーマ（例：集団主義）を成しているとし，これを**文化的症候群**とよんだ。同じく社会心理学者で国際企業の統計的コンサルタントであったホフステード（Hofstede, 2001）は，「ある集団の成員を，別の集団の成員と分ける，心の集合的なプログラミング」であるとし，やはり主観的文化に焦点を当てた定義を行っている*。

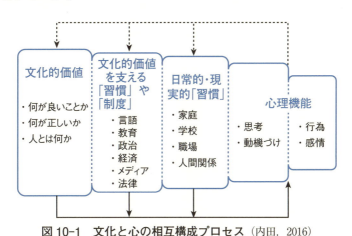

図10-1　文化と心の相互構成プロセス（内田，2016）

　＊　このように，心理学者による文化の定義は，文化人類学のそれと比べ，心に反映された文化の側面を主に扱い，心理学のパーソナリティ測定法に由来する個人レベルの測定を念頭に置いた操作的定義を行うことが多い。

20世紀末に,心の普遍性に疑問を投げかける目的で人類学,心理学,言語学の学際領域として興った文化心理学では,北山（1997）が,文化を「身のまわりに存在し,人々が作り出すものの総体」とした。同様にマーカスら（Markus & Conner, 2013）は,この「身のまわりのもの」と心理との間に,**社会的要因**（例：生態学的,経済的,歴史的要因）によって生じた**文化的価値**（例：善とは何か,道徳とは何か,など）と,それを支える**習慣や制度**（例：言語,教育,法律,メディア,法律）,そこで繰り返される**日常的・現実的習慣**（例：家庭,学校,職場など）と,そこに関わることで形成・維持される**自己**（例：知情意および行動）**の心理機能**を想定し,これらが相互に構成し合う集合的現象を文化だとしている（図10-1）[*1]。

文化の操作的定義[*2]は,上記のように,複数の理論的な定義に見られる観点の違い（例：明示的な側面のみを扱うか否か,何のためにある単位の文化を重視するか,応用の対象など）に影響を受け,さまざまなものが乱立している。本章では,価値観と自己に焦点を当てて,文化と心の関係について学ぶ[*3]。

（2） 文化の次元

価値観とは,「人生において人が重要とする考え」のことと定義される。たとえば,仕事において給料が良いことを重視することや,残業が無く,自由時間が確保できる労働を重視することは価値観である。時代と場所を共にする社会集団の成員に共有される価値観によって,作られるルールや社会の仕組み,対人関係の保ち方などに一定の方向づけが生じる。たとえば,「自

[*1] この文化の定義は,上述したクルーバーとクラックホーンの定義と整合性がある（Adams & Markus, 2001）。主観的な文化に限定しないこの文化の定義を採ることで,マーカスらは,自認できない暗黙の認知,感情および動機づけといった心理学の中核的テーマである自己の問題を扱い,自然科学の基礎である進化的観点との接点を作り,制度,実践および人工物についての研究を可能にしている。文化を,考えの様式（pattern）だと定めることは,必ずしも国という単位に存在せず,性,地域,民族,階層,特定の企業などの文化について考える応用研究に結びつく（Markus & Conner, 2013）。

[*2] 理論的な定義に紐付いており,実験者が便宜上操作したり,異なる群を用意できる基準,または,調査で測定することのできる指標のことである。

[*3] さらに,関心のある読者は,一言（2018）も参照のこと。

由」に価値を置く社会集団であれば，言論や出版の自由を支える法制度が整備され，そういった法律のもとで個人の主張を尊重した経済活動が有効に循環し，学生は自分の意見を幼いころから主張できるように学ぶことが社会的な責務として多くの人々に実践される。このような場合，そこで暮らす個人としては，特に意識せずとも[*1]，一人前の社会人であろうとするほどに「自由」を体現するなんらかの行動習慣を身につける必要性に駆られるだろう。

主観的文化の研究（Hofstede, 2001; Schwartz, 1994）を糸口に，比較文化心理学的研究に用いられることの多い文化の一つについて紹介する。上述のホフステードらは，さまざまな国の企業の労働者や教員，学生を対象に価値観を測定する項目に回答させ，国々の系統的な違い，すなわち**文化の次元**を統計的に抽出する分析を行った。彼らの調査研究は20世紀の後半に複数回の再調査が行われており（Hofstede, & Hofstede, 2005, p.26），異なる研究者同士の抽出する次元の間に相関関係が確認され（Hofstede, 2001, p.265），国の社会変数（世帯の変数や教育制度，産業活動の指標など）とも意味ある相関を示したため，これらの次元に妥当性が認められた。類似の研究を行った研究者によって次元名は微妙に異なるものの，主要な次元には，①個人の自由と権利，好奇心や快楽を総じて重視する国々と，反対に，集団への忠誠心，内集団への所属，階層性，保守性や伝統を総じて重視する国々との間のちらばり，および，②野心や競争，成功を総じて重視する国々と，反対に，平等や博愛，平和を総じて重視する国々との間のちらばりが確認されている。

特に①の次元については，**個人主義－集団主義**という，社会学的な伝統を持ち，トリアンディス（1972）が70年代に理論化したラベルがその通称に付与され，得点の高低に位置づけられる国々の間での心理的，行動的な比較が行われてきた[*2]。20世紀の心理学に見られた，北米の研究者による北米の学生を対象とした実験・調査によって蓄積された知見に対し，それが個人主義文化に偏っていることを指摘する批判的な比較文化研究などは（Arnett, 2008），90年代から2000年代に心理学に広範な影響を与えた。た

[*1] こういった意味で，主観的な文化のみを測定することはあくまで一面的な作業である。
[*2] その比較には，文化の暗黙的な考えのパターンともよべる知情意にまつわる自動的，非意図的過程に関する知見も含まれている。

1. 文化の定義

とえば，古くから社会心理学や臨床心理学の分野では，人間の知情意，社会的な行動から精神的な健康に至る，行動を統御するシステムとして自己（self）の研究が行われてきた。この自己に，個人主義 - 集団主義の文化差で系統的な違いが見られることがわかっている。

（3） 文化的な自己

自己の文化差を指摘したマーカスと北山（Markus & Kitayama, 1991）は，心理学の知見が北米に偏っている点を指摘し，特にその問題を，北米文化に暮らす人々の間では，自己が，自分の面倒は自分でみることができ，人と違って個性的であり，自分が他者に影響を与えることができ，自由であり，平等を重んじつつも自分は素晴らしい存在であると理解され，奨励されていることに求めた。このような自己を，**独立的自己**（independent self）とよぶ。

たとえば，欧米圏で行われた精神的健康の研究を集めた知見によると，現実的でないほど肯定的な自己意識をもつ個人が精神的に健康であると主張された（Taylor & Brown, 1988）。初期の幸福感研究（Wilson, 1967）では，幸福な人がもつ特徴とは，若く，健康的な，教養があり，収入があり，外向的で，楽観的で，不安のない，信仰心に厚い，既婚の，自尊心の高い，仕事をもつ，道徳心のある，節度のある目的をもつ人であるとされた。これらの研究が示す人物像がもつ特徴は，通文化的に望ましいものも含まれる一方で，楽観性，外向性や自尊心など，個人主義文化で奨励される精神的健康のあり方が反映されている。

マーカスと北山は，上記のような，独立的自己を前提とする心理学の知見が広範に見られることに対して問題提起するという観点のもと，これを指摘するための比較文化研究を行った。なんらかの心理・行動現象が独立的自己を前提としていることを示すためには，独立的自己でない自己システムが一般的な文化との対照例を示すことが有効である。そこで，**協調的自己**（interdependent self）を理論的に定義し，北米と対比した。協調的自己とは，自分が一員である集団における他者との人間関係を保ち，それらの他者たち並であり，それら他者に求められることに対して自らを合わせ，それゆ

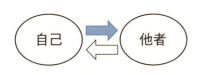

■独立的な文化における自己観
・自分の面倒は自分でみることができる
・人と違って個性的である
・自分が他者に影響を与えることができる
・自由である
・(平等だが)自分は素晴らしい存在である

■協調的な文化における自己観
・(内集団の)他者との人間関係を保つ
・自分は(内集団の)他者たち並み
・(内集団の)他者に求められることに対して自分を合わせる
・内集団に根づいている
・内集団の序列に従おうとする

図 10-2　文化的自己観の概念図（一言，2018）

えに集団に根づいており，集団の序列に従おうとするものであるという自己であり，典型的には日本を含む東アジア圏の国々で奨励されていると考えられた。

2. 文化による心理・行動の違い

(1)　文化的な自己に関連した社会行動

9章で学んだ基本的帰属のエラー（fundamental attribution error）は，「基本的」，すなわち，どこの文化でも見られる現象であるとされていた。ところが，東洋文化の参加者にある個人の行為の原因を推測させると，「その人はその行為を行う立場にあった（例：学生だったから年配者に席を譲った）」や，「置かれた状況に合わせて，その行為を行った（例：きっと優先席にいたから，席を譲った）」といった，外的要因への帰属も見られる（Morris & Peng, 1994）。すなわち，個人主義文化では，個人の行動が，過度に内的要因から生じるものと推論される歪みがあった。これは，北米に由来する制度などでは，自己責任や，個人の意思判断が重視されることなどに

よく現れているといえよう。

　幸福な人がもつ特徴とされ，上にも挙げた「楽観性」は，多かれ少なかれ人に一般的に見られる未来に対する認知の歪みである。たとえば読者は，今日，大学から帰宅する途中に交通事故に遭う可能性は低く見積もっている。今，あなたと，あなたの兄弟／姉妹との間で，この先良いことと悪いことのそれぞれがいくつ生じるであろうかと尋ねられたら，何と答えるだろうか。欧州系北米人学生と日本人学生を対象に同種の質問を行った研究によると (Chang, & Asakawa, 2003)，前者は，相対的に兄弟／姉妹よりも自分に良いことが多く起こり，悪いことは兄弟／姉妹の方に多く起こると回答する一方，後者では，相対的に兄弟／姉妹よりも自分に悪いことが多く起こると見積ることがわかった。兄弟／姉妹はもっとも身近な比較対象としての他者であるため，その他者と自分とを比べさせたこの研究では，欧州系北米人学生において自己の楽観性がいかに個人的に強力なものであるかを物語っている。さらに，日本人学生では，良いことについては自分と兄弟／姉妹に大きな差は見られず，楽観的でないこと，および，自己に対して悲観的であるともいえる。

(2)　文化的な自己に関連した感情

　日本では，人々が悲観的であるだけでなく，自己評価も個人主義の文化ほど高くはならないことが知られている。ローゼンバーグ (1965) の自尊心尺度は10項目からの質問項目に4段階で回答する心理尺度であり，**自尊心** (自尊感情) とよばれる概念の個人差を測定する。具体的には，「私は自分のことをこれで良い」と思っているほど，この尺度には高得点をつけることになる。90年代末に，個人主義文化であるカナダと，日本とで，過去に収集された自尊心尺度のデータを集めて平均点を比較した研究が行われた (Heine, Lehman, Markus, & Kitayama, 1999)。それぞれの国で1400名以上のデータによる尺度平均値を算出すると，尺度が取りうる真ん中の得点が30点であるこの尺度の上で，日本では31.1点，カナダでは39.6点であった。また，データに含まれる参加者の文化的属性によって得点を細分化すると，興味深いことがわかった。海外経験の無い日本人，海外経験のある日本人，

最近移民したアジア系カナダ人，長期のアジア系カナダ人，2世のカナダ人，3世のカナダ人，欧州系カナダ人の順に，自尊心尺度の得点が高かったのである。すなわち，独立的自己が奨励されると考えられる欧州系カナダ人の日常生活に近い生活を送っている人々ほど自尊心が高いのである。自尊心は，一見個人の内部に存在する心理のように思えるが，文化的に奨励されていることで高く保たれる心なのかもしれない。

幸福感は，近年健康心理学で注目される精神的健康の一つであり，経済的な豊かさのみでは高めることができない概念として，政治・経済の世界からも注目されている。これまでの研究によれば，戦争が無い国，民主主義の国や，経済的な格差が少ない国ほど，幸福度が平均的に高いことが知られており，これは国を越えた幸福の社会的要因であると考えられる。同時に，幸福感には個人差があり，ある人が幸福を感じる具体的な事柄と，別の人のそれとは違いがある。では，個人によってまったく比べる余地の無いほど幸福感が異なるかというと，そうではない。たとえば，幸福感は自身が価値を置く事柄が満たされた時に感じるという点は，多くの個人を越えて共通している幸福の要因である。ここで，価値観が文化の影響を受けるのであれば，幸福感も文化によって系統的に異なる性質が存在しても不思議ではない。個人主義－集団主義の文化差に注目して幸福感の比較を行った一連の研究からは，個人主義的な文化ほど，個人的な達成や自己の肯定的な特徴を確認できる事態に対して人々が幸福感を感じやすいこと，および，集団主義的な文化ほど対人関係の調和（例：他者から援助を受けていること）や，社会的な問題が無いこと，人並みであることに対し，人々が幸福感を感じやすいことがわかっている（Hitokoto & Uchida, 2017）。

（3） 文化的な自己に関連した神経機序

文化が，価値観が反映された制度や対人関係のあり方を左右しているのであれば，私たちが日常生活で出会うさまざまな社会的な出来事（例：友人をつくる，仕事をする，人とコミュニケーションをする，他者に認められることをする，など）の多くに，暗黙のうちに私たちの自己システムを一定の方向へ導く仕組みが遍在しているのかもしれない。5章で学んだスキナー箱の

ように，私たちは一定の認知・感情・動機を日常生活で繰り返し使うことで，より効率的に自分の周囲の人間関係や社会的立場，健康といった，その集団で「一人前」になることを成し遂げているのかもしれない。そうであれば，私たちが日常で慣れ親しんだ自己システムを司る神経機序にすら，文化的な認知・感情・動機の実行過程が染み付いている可能性がある。

　私たちの中枢神経系は，紛れもなく生得的で生物的なものであるが，その一方で，非常に可塑的で，環境から求められる情報処理の仕方に応じ，その働かせ方から構造自体に至るまで変化しうる，高い自由度を持っている。たとえば，一定期間ジャグリングをさせるだけで体性感覚に関わる神経構造に変化が生じ (Draganski, Gaser, Busch, Schuierer, Bogdahn, & May, 2004)，複雑な空間的情報処理を求められる仕事（例：ロンドンのタクシー運転手）の経験年数に応じて海馬の灰白質の質量が異なるなど (Maguire, Woollett, & Spiers, 2006)，脳の高い可塑性が示唆されている。では，文化的な価値観に関連の深い認知を司る脳神経には，文化による影響が確認されるのであろうか。

　集団には守るべきルールが存在し，その中で協調的な自己を用いて日常生活を送る際は，集団規範と自己の差を認識し，これを正していくことが常日頃求められる。結果として，集団主義文化では，他者は自己を評価する，ある種の驚異的な存在として意味づけられ，他者の前で自分が失敗をするような状況下では，その結果を重く受け止める必要がある。欧州系アメリカ人とアジア系，もしくはアジア系アメリカ人を対象とした研究では (Hitokoto, Glazer, & Kitayama, 2016)，他者を思い起こさせる刺激を与えた直後に失敗を経験させると，行動の結果をモニターする神経機序である**前帯状皮質** (anterior singulate cortex) に，文化集団で反応の程度が異なる。具体的には，アジア系では社会的な状況における失敗に対し強い反応が見られ，この反応は協調的な自己を示す個人ほど強かった。文化的な自己に伴う「他者」に対する意味づけによって，課題に対する失敗という経験を脳がどのように処理するかが異なるということであり，文化によって刈り込まれた神経構造が，日常的な経験と行動の間に介在する可能性を示唆するものである。

3. 文化の原因と働き

　価値観や自己のあり方は，そもそも何ゆえに存在するに至ったのか。文化的な心理が，単なる無秩序な社会のばらつきではなく，地球上のさまざまな環境下で人々が自らの生存を左右する課題として対処してきた事柄の結果であるとして，文化の多様性に機能主義的な観点を導入したものが**社会生態学的心理学**である（Oishi & Uskul, 2018）。また，文化によって集団の生存効率を高めることで，個人の心にはどのようなことがもたらされているのか。近年の研究によると，文化は「健康」や「意味」を支える働きがあることがわかっている。

（1） 文化の原因：社会生態環境

　社会生態学的心理学の観点に立つと，価値観や自己のあり方は，長い歴史の中で，ある社会集団が，全体として生きのびるために解決する必要のあった適応上の社会生態環境に応じる心理・行動的特徴であると捉える[*1]。社会生態学的心理学による研究には，たとえば個人主義 - 集団主義などの価値観が，特定の環境要因の産物であることを示すものがある。

　進化の過程で人類は，基本的に生まれついた集団で暮らしており，まったくの余所者に出会うことは稀であった。医学も発達していない生活で別の自然環境に適応した人間に出会うと，自分がもっている免疫では対応できない伝染病に罹患する危険があった[*2]。伝染病の脅威に対し，人々は余所者を避けることでこの脅威に対処してきたと考えた研究では（Fincher,

---

[*1] この観点の意義は，文化差の記述の短所であるラベルづけ（例：北米で自尊心が高いことは北米が個人主義文化であるためという場合，自尊心が高いことと個人主義であることは同義反復のラベルに過ぎず，説明にさらなる説明が必要となる）を防ぎ，文化差を生み出す共通次元を，心理・行動に先行する環境要因に求めることである。社会生態学的心理学は，個人の行動の先行要因として，個人の置かれた環境や状況の観察を求めた行動主義の発想に類似している。先行要因と後続する行動に法則的な関連が見いだせれば，文化の変容（例：環境が変化すると心や行動も変化する可能性）やその予測，必ずしも「国」に縛られない文化的な心理・行動（国にかかわらず，都市部の環境が要因となって特定の心や行動を引き出すなど）の説明を可能とする。

[*2] 現在のペルーに存在したインカ帝国は，スペインによる侵略の際にチフスやインフルエンザなどの伝染病が流行り大打撃を受け滅んだが，これは当時のスペイン人が，東西交易で多くの病原体に耐えられる免疫を身につけていたためだと考えられている（Diamond, 1997）。

Thornhill, Murray, & Schaller, 2008），現在のさまざまな国々の過去にどれだけ伝染病が流行ったかをデータとして集め，それと，余所者を避ける行動が伴う集団主義の文化差との相関関係を検討した。その結果，両者には正の相関が認められ，伝染病の脅威が，個人主義－集団主義を生んだ一つの社会生態学的要因であった可能性が示唆されている。

　農耕は，人類が狩猟採集生活から集団での定住生活へと，社会のあり方を大きく換えた人類史上の出来事である。農耕の成否は，集団で定住し，集団の規則に従って自然環境の要請に巧みに応じながら，エネルギー源である炭水化物を生産し続けることにある。農耕の中でも特に稲作は，上記の社会的行動が強く求められる生業方法である。稲作が歴史的に盛んであった中国の南部と，反対に麦作中心であった北部とで，住民の認知スタイル[*1]を比較した研究がある。中国国内の地域差を比較すると，麦作地域ほど西洋的な認知スタイルが，そして稲作地域ほど東洋的な認知スタイルが見られることがわかった（Talhelm, Zhang, Oishi, Shimin, Duan, Lan, & Kitayama, 2014）。

（2）　文化の働き：健康と意味

　日本人社会人を対象に，人生に意味を感じているかどうか，文化的自己観，および，細胞の「逆境に対する保存性転写応答（CTRA反応）」を測定した研究がある（Kitayama, Akutsu, Uchida, & Cole, 2016）。CTRA反応とは，貧困や孤独といったストレス下において見られる血中の炎症性サイトカインの過剰生産につながる，免疫細胞を作成する過程での不健康な反応である。身体にとって，心理社会的なストレスはウィルス侵入に備えることと類似した反応を引き起こすが，遺伝子の情報から免疫細胞を作り出すという初歩的な防御反応において，炎症反応を強め防御のための抗体を抑制するようなタンパク質合成が生じる場合がある。この不健康なCTRA反応が，人生に意味を感じている個人，協調的自己観の高い個人では，抑えられていた。すな

　[*1]　認知スタイルは洋の東西で異なることが知られている。具体的には，図と地（3章参照）で構成される景色刺激に対し，西洋文化圏では図の対象物を地の背景から切り離して認知し，東洋文化圏では対象物をその背景との相互関係で認知する傾向がある（Nisbett, Peng, Choi, & Norenzayan, 2001）。

わち，個人内の生理的機序として，私たちは「意味」を感じることで健康を維持している可能性がある。

私たちがものごとに「意味」を見出すことは，私たち自身のもつ世界とはこういうものだという世界観を保つことにつながっていることを示唆する研究がある (Proulx, Heine, & Vohs, 2010)。読者はカフカ (Kafka, F.) の「皇帝の使者」という話をご存知だろうか。読んでも何のことかわからない話であるが，これと，「ウサギとカメ（因果応報という意味のわかりやすい話）」を読ませる群を用意し，読了後，自国の文化や第一言語がどれほど重要か評定させた研究がある。この結果，皇帝の使者群では，ウサギとカメ群に比べ，自国の文化や第一言語がより重要と評定された。また，同様の「意味脅威」を与えた直後に，「不確実な状況は嫌いだ」「予測できない人々と一緒に居たくない」といった項目への賛意も増加している。すなわち，「意味」が脅威に晒されると（「意味」がわからない事態に接すると），私たちは，少しでも世界を予測できるものにしようとし，その手段として自らの文化に傾倒することを示唆している。意味脅威は自己の存在が危ぶまれる不安に関連するという指摘もあり，これらを踏まえると，文化があることで人間は意味を共有し，そのことで私たち自身が自らを身体的，精神的に健康に保つことができると考えられる。

4. 多文化間の心理

私たちは多文化時代に生きている。日本が超高齢社会であることは周知のとおりだが，外国人人口は 1950 年に比べて 4.5 倍（絶対数では 247 万人であり，平成 27 年時点の京都府総人口が 261 万人であることを考慮すると，都市部である京都府並の外国人が日本に暮らしている）になっている。この増加傾向は今後も続くと考えられており，異なる文化的背景をもった友人，近所，結婚相手，同僚といった多文化的環境が，身近なところでより一層進むことが予想される。人口動態もさることながら，文化は伝播する考えでもあるため，日本のみで生活しているからといって多文化的環境に居ないということにはならない。今来ているその服のデザインはどこの文化の人工物だ

ろうか。目にしているテレビ番組の構成はどこの文化で発案されたものだろうか。あなたが痩せたいと願っているとしたなら，その理想的な身体像に対するあなたの自己評価はどの文化の美的センスの影響を受けたものだろうか。多文化時代がもつ心への影響には，肯定的なものから否定的なものまで，さまざまあることが明らかになってきている。

(1) 多文化経験・多言語話者の心理

異なる文化の影響を同一個人が受けることで，自己の明瞭性（「自分自身がどのような者であるか，はっきりとわかる」などの項目へ同意すること）が上昇する（Adam, Obodaru, Lu, Maddux, & Galinsky, 2018）。また，異なる文化で生活した年数が多い者ほど，創造性テストの得点が高いことも知られている（Maddux & Galinsky, 2009）。また，多言語話者では，形式的言語の未熟さと引き換えに，ストループ課題などの葛藤解決課題に対する実行機能が高いことが知られている（Bialystok, & Craik, 2010）。これらは，多文化経験や，それに伴う多言語の獲得が，自己の確立や開かれた問題，葛藤の解決といった現代的な問題に対抗できる心理的な強みを促進する可能性を示している。

(2) 文化変容と心理的適応

文化の変容過程については，測定対象や比較国などが交錯しており，統一的な見解が得られていない。価値観を測定した研究によれば，20世紀末の20年間隔で（Allen, Ng, Ikeda, Jawan, Sufi, Wilson, & Yang, 2007），日本や香港など国内総生産（GDP）の高い国では個人主義的な価値観の増加が見られたものの，そうでないバングラディッシュやパプアニューギニアはそうならなかった。同じく20世紀末に実施された世界価値観調査によれば（Inglehart, Foa, Peterson, & Welzel, 2008），世界中の国々が，より個人主義的・世俗的な価値観をもつようになっている。社会構造そのものの変容を測定した研究によれば，アメリカと日本は，共に20世紀後半の間にその世帯人数や離婚率といった社会構造に個人主義的特徴が増加している（Hamamura, 2011）。また，子どもに個性的な名前をつけるという意味での

個人主義的行動も日本で増加している（Ogihara, 2018）。アメリカ国内にて出版物に使用される個人主義的単語や子どもの個性的な名前，社会構造の時代的変化に伴った社会構造の特徴を探った研究（Grossman & Varnum, 2015）では，国内の社会経済的地位の平均的水準が高まることが個人主義に繋がった可能性を指摘している。文化変容の原因は未だ不明なところが多いが，多様化する価値観や，文化どうしの交流が増加する現代において，応用的な意義は大きい。

　文化の衝突は，異なる国や文化の間のみに生じるものではない。一国に暮らしていても，その国／文化自体が伝統的ではない制度や価値観に急速に変容し，人々の心がその変化に応じることが難しい場合もある。日本では「ニート」の危険因子尺度の得点が高い学生は，そうでない学生に比べ，失敗した課題に従事するという日本とカナダの比較で示された，日本的な行動が生じなかった（Norasakkunkit & Uchida, 2011）。もしかすると，グローバル化の影響により，伝統的な価値観に基づいた行動が奨励されない若者が生まれているのかもしれない。こういった問題は，文化の変容によって，その影響下で暮らす個人の価値観や自己システムの機能に多様性が生まれたことの結果の一つと解釈すれば，文化と心との間の健全な状態を考慮した，新しい心の健康や，文化のあり方を考えることも不可能ではないだろう。

◀ 章末問題 ▶

10.1　クルーバーとクラックホーンによる「文化」の定義を述べよ。

10.2　自分の面倒は自分でみることができ，人と違って個性的であり，自分が他者に影響を与えることができ，自由であり，平等を重んじつつも自分は素晴らしい存在であると理解される自己で，北米など，個人主義文化で奨励されている自己を何というか述べよ。

10.3　自分が一員である集団における他者との人間関係を保ち，それらの他者たち並であり，それら他者に求められることに対して自らを合わせ，それゆえに集団に根づいており，集団の序列に従おうとするものであるという自己で，東アジアなど，集団主義文化で奨励されている自己を何というか述べよ。

10.4　文化を，地球上のさまざまな環境下で人々が自らの生存を左右する課題として対処してきた事柄の結果であるとして環境と心理の関係を明らかにしよ

うとする心理学を何とよぶか答えよ。

◀ **参考文献** ▶

一言英文（2018）．文化―文化で成り立つ健康な心．藤田哲也(監)・村井潤一郎(編) 絶対役立つ社会心理学：日常の中の「あるある」と「なるほど」を探す（第7章）ミネルヴァ書房

北山　忍（1998）．自己と感情―文化心理学による問いかけ　共立出版

内田由紀子（2016）．文化　北村英哉・内田由紀子(編著) 社会心理学概論（第14章）　共立出版

11章
犯罪心理学

　犯罪心理学とは，犯罪に関するさまざまな現象について心理学的な方法論を用いて，その法則性や規則性を明らかにする学問体系であり，そこで得られた知見は，犯罪捜査や裁判，犯罪者の矯正・社会復帰支援などに貢献している（越智，2005；2011）。
　犯罪心理学の研究対象は，刑事司法手続きの入り口（犯罪の発生・捜査）から出口（矯正・保護）まであり，その裾野は広く，本章においてすべてを網羅することは難しい。そこでここでは，犯罪心理学を，犯罪原因論，捜査心理学，および矯正心理学の3つの切り口から解説する。
　まず，なぜ犯罪が行われるのかについて，その原因を社会，環境，個人などさまざまなレベルから説明する犯罪原因論について述べる。次に心理学的知見に基づいて犯罪捜査を支援する捜査心理学を取り上げ，最後に犯罪者の再犯防止や社会復帰の研究・実践を行う矯正心理学について触れる。

1. 犯罪原因論

犯罪を引き起こす原因やその機序を探る試みは古くから取り組まれている。なぜならば，犯罪の原因，あるいは犯罪を抑制する要因を突きとめられれば，実効性が高い犯罪防止策が講じられるとともに，また犯罪者を立ち直らせ，社会に復帰させることも一層容易になるからである。

犯罪の原因を説明する理論は，心理学のみならず，マクロな視点に立つ社会学，またミクロな視点での神経生物学など，さまざまな学問領域にまたがっている。ここでは犯罪原因の主要な理論について，まず古典的研究を紹介した後，社会的要因，心理的要因及び神経生理学的要因，それぞれの観点から説明する。

（1） 犯罪原因の古典的研究

犯罪心理学の古典的研究として，イタリアのロンブローゾ（Lombroso, C., 1835-1909）による**生来性犯罪者説**（Born Criminal' theory）はよく知られている。彼は犯罪者の検死解剖から得られた知見や，また受刑者の身体的特徴（顔立ちや骨格など）を計測して健常な兵士のものと比較し，犯罪者には固有の身体的特徴（たとえば，突き出た頬骨，大きな顎，平たい鼻など）が表れることを見出した。容貌などに表れる理由は，より原始的な種の遺伝的特徴が**隔世遺伝**（atavism）によって発現し，先祖返りの証が容貌や野蛮な精神に表れるからだと説明している。ロンブローゾの生来性犯罪人説は，人種差別や優生学に与すること，また犯罪者を取り巻く社会的要因などに目を向けていないことなどが批判されるが，犯罪を実証的に検証した姿勢は評価されている。

（2） 社会的要因からみた犯罪原因

犯罪社会学では，犯罪の原因を犯罪者個人の資質的要因に求めず，格差や貧困などを生み出す社会の制度や構造などの社会的要因に原因を求める。ここでは犯罪社会学の代表的な理論を紹介する。

▶ アノミー理論（緊張理論）

　富や名声を得て社会で成功を収めることは誰もが願うことであり，多くの人々が人生の目標にしている。人生の目標を達成するためには何らかの手段が必要となるが，その手段を利用できない場合には社会的緊張が生じる。米国の社会学者マートン（Merton, R. K.）は，社会構造に起因する社会的緊張が犯罪を生み出すとする**アノミー理論（緊張理論）**（anomy theory）を提唱した。この理論では社会的成功のことを**文化的目標**（cultural goals）といい，また文化的目標を達成するための合法的手段（たとえば仕事や勉学など）を**制度的手段**（institutionalized means）という。制度的手段はすべての人々が利用できるわけではない。現実的には下層階級の人々は，教育や就職の機会が制限されている。制度的手段が公平に与えられていない状態をアノミーという。十分な教育を受けられなかった者は，安定した職業に就くことが比較的難しくなる。つまり，制度的手段によって文化的目標を達成することが困難になる。このような人々は，非合法的な手段，つまり窃盗や詐欺，麻薬の売買等のような犯罪行為に手を染めて富や資産を得ようとする。このように不平等な社会制度が犯罪・非行の原因になると考えるのがアノミー理論である。

　実際，米国における組織犯罪の問題は人種や移民に対する差別の問題から切り離して論じることは難しい。なぜならば，米国の組織犯罪グループは人種や民族ごとに形成されているからである（飯柴，1990）。たとえば，ニューヨーク州のラ・コーザ・ノストラはイタリア系マフィアであり，カリフォルニア州のラ・ヌエストリア・ファミリアはラテン系マフィアである。他にもコロンビア系や黒人系，中国人系の犯罪組織が形成されている。これらの人々がアノミー状態におかれていたことは想像に難くない。

▶ 分化的接触理論

　米国の社会学者サザーランド（Sutherland, E. H.）は，地域ごとの反社会的文化に対する接触のしやすさの違いに目を向け，**分化的接触理論**（differential association theory）を提唱した。それによると，ある特定地域において犯罪の発生率が高くなる理由は，そこでは世代を越えて犯罪に肯定的な文化が成員に伝播されるからだとしている。つまり，特定地域に根づい

た反社会的文化（たとえば，犯罪や非行の魅力，盗み方や脅迫の仕方，これらの背景にあるメンタリティなど）への接触容易性が犯罪の原因となるといえる。たとえば，自分にとって最も身近な，親や兄弟，友人等が犯罪に手を染めていれば，反社会的文化に接触する機会も多くなるので，犯罪・非行へと向かいやすくなる。したがって，犯罪・非行を助長する，生活環境や不良交友関係との断絶は効果的な犯罪抑止対策に成り得ると考えられる（小林，2008）。

▶統制理論（社会的絆理論）

多くの犯罪原因論では，なぜ人は犯罪を行うのかという観点から説明されている。しかし，米国の社会学者ハーシ（Hirschi, T.）は，逆転の発想をし，犯罪を行うのはごく一部の人々に過ぎず，世の中のほとんどの人々はなぜ犯罪を行わないのかという視点から犯罪の原因を探った。ハーシは**統制理論**（bond theory）を提唱し，多くの人々が犯罪を行わない理由は，社会との間にさまざまな結びつき（社会的絆）があり，行動がコントロール（統制）されているからだと考えた。社会的絆には次の4つ，すなわち**①愛着**（attachment），**②投資**（commitment），**③巻き込み**（involvement），**④規範信念**（belief）があるとされる（**表11-1**）。

まず，①愛着とは，自分の身近にいる重要な人，たとえば，両親や家族，友人との深い心情的な結びつきである。親を悲しませたくない，妻や子どもに見捨てられたくないという不安や恐れが絆として働く。深い愛着がある者ほど犯罪は抑制されやすい。しかし，親や家族，友人と深い人間関係を築け

表11-1　統制理論で提唱される4つの社会的絆

4つの絆	説　明
①愛　着	両親や家族，友人など，自分の身近にいる重要な人物との心情的な結びつきによる絆
②投　資	現在の立場や地位のために，これまで投入してきた時間や努力など
③巻き込み	合法的に没頭できる仕事や学校の部活動，塾など
④規範信念	社会のルールを尊重し，従おうとする度合い

なかった者は、愛着という社会的絆が失われていることになる。愛着はハーシが最も重視している絆であり、4つの絆の中で中核的な役割を果たすものである。

②投資とは、これまでに学業や仕事などに費やした時間や努力のことである。我々は多くの報酬を得て、安定して充実した生活を過ごすために、学業に励み、また苦労を重ねながらも仕事を続けている。こうした努力は将来に向けて多くの投資をしているともいえる。しかしながら、一度でも犯罪を行うと、これまで重ねてきた時間や努力などがすべて無駄になり、将来受け取れるはずの利益や報酬を失ってしまうことになる。そうしたことへの恐れが犯罪を抑制する絆となる。

③巻き込みとは、日常的に従事する仕事や課題などの存在である。仕事や勉学などに没頭し、毎日、追われるように生活すれば、犯罪や非行を行う暇はない。犯罪者に無職の者が多い理由は、彼らには巻き込みが絆として機能していないからと考えられる。巻き込みは犯罪者の更生や社会復帰にも重要な役割を果たす。矯正施設では職業訓練や就労支援が積極的に行われている。これは釈放後に仕事に専念させることによって、過去の犯罪・非行仲間との交友関係を断絶する効果があると期待されているからである。

④規範信念とは、社会の規範（法律や道徳、習慣）を尊重し、それに従おうとする度合いである。規範信念が強いほど、規範や法を守り、逸脱行動は少なくなる。

（3） 心理的要因からみた犯罪原因
▶知能の問題

一般人の平均知能は100（標準偏差は15）とされているが、国内外の非行少年の知能（Intelligence Quotient；IQ）は、平均すると85～90までの範囲に留まる（熊上，2016；松浦，2015）。つまり、非行少年の知能は一般少年よりも標準偏差1つ分程度低い傾向にある。知能の低さが犯罪の原因であるといった単純な因果関係は否定されているものの、学業不振や学校に対する否定的態度の形成に影響を及ぼすものとみられている。したがって、犯罪者や非行少年の理解、また処遇上の配慮の要否などにも関係することから

(清水, 2016), 刑務所や少年鑑別所では知能検査が行われている。

　知的能力は，**動作性知能**（視覚的情報の判断や，視覚情報と運動・動作を統合する能力など）と，**言語性知能**（言語の理解能力や表出能力，数的処理能力など）に大別できる。この2つの知能のうち，犯罪者・非行少年は，言語性知能が低いことが知られている（松浦, 2015；大渕, 2006）。言語性知能は，コミュニケーションはもちろんのこと，複雑な事柄や抽象的事柄の理解力とも関連している。したがって，言語性知能が低いと，他者との親密な関係性を築くことが難しく，また問題や課題に適切に対処できず，学業不振や学校不適応となり，犯罪・非行に向かいやすくなると考えられている。

▶ **パーソナリティの問題**

　パーソナリティ（性格）とは，個人を特徴づける比較的一貫した行動様式のことであり，物事の捉え方，感じ方，またこれらに基づいた態度，言動，行動などを規定している。つまり，パーソナリティはその人の個性の源ともいえる。しかし，この個性が極端に偏り，本人，もしくは周囲の人々を悩ませるパーソナリティを**パーソナリティ障害**（personality disorder；PD）という。米国精神医学会の診断基準 DSM-5 によると，パーソナリティ障害は，認知，感情，対人関係，衝動制御のうち，2つ以上に大きな偏りがみられ，日常生活や社会，職業などで支障をきたしている状態とされている。

　犯罪者の中には，パーソナリティ障害の特徴を示す者が多いことが知られている。わけても**反社会性パーソナリティ障害**（Anti Social Personality Disorder；ASPD）の者が多くみられる。その主な特徴は，共感性が欠如し，自己中心的で他人の権利を無視することである。DSM-5 において反社会性パーソナリティ障害の診断基準をみると，①社会的規範を無視する，②平然と嘘をつく，③衝動性が高い，④短気で攻撃的，⑤無謀，⑥無責任で義務を果たさない，⑦他人を傷つけたり，盗んだりすることに無関心であり，そうした行いを正当化するなどの特徴が挙げられている。このように反社会性パーソナリティ障害の者は，自己中心的で，他人に対する共感性が乏しく，罪悪感が欠如していることから，反社会的な行いを平然と行えるだけでなく，共感性や良心が行動のブレーキとして働きにくいため，場合によっては，取り返しのつかない重大な事件を引き起こすことになる。

犯罪者の性格がどのパーソナリティ障害に当てはまるかなどを検討することは，犯罪者に典型的な性格を探るアプローチといえる。それに対し，犯罪者の性格に共通してみられる性格特性を探るアプローチもある（大渕，2006）。大渕（2006）は，犯罪者に共通してみられる性格特性として，自己統制力の欠如と衝動性の高さを挙げている。ゴットフレンドソンとハーシ（Gottfredson & Hirschi）によると，多くの犯罪者は自己統制力が低いとしている。犯罪者は自分の欲求や感情を抑えることができないため，手間や努力を惜しみ，短絡的な方法（犯罪）により欲求を満たそうとする。また身体的活動を好み，スリルや興奮を求める性質であることも知られており，犯罪・非行をさらに促すことになる。

▶ **反社会的認知の問題**

　犯罪者は，物事の見方や認識の仕方，価値観などといった，認知に歪みがみられ，反社会的な人物への憧れや，反社会的な行いを許容する態度を示すことが多い。犯罪心理学者の原田（2015）は，犯罪者や非行少年にみられる反社会的な認知，つまり犯罪を許容し，それを望ましいものとする認知として，① **反社会的な合理化** や ② **犯罪的他者への同一化** などを挙げている。前者の反社会的な合理化とは，「被害者が自分のことをバカにした」「仲間を守るためにやった」などと言い訳をし，犯行を正当化することである。正当化は自らに対する認知的操作ともいえ，自分の行いに伴う罪悪感の緩和や解消を図るものである。後者の犯罪的他者への同一化とは，犯罪者に憧れて，彼らの価値観（たとえば「この世は力だけが物を言う」）や行動様式を学び，内面化し，反社会的行動を許容する態度が形成されることである。

　犯罪者の反社会的認知には，他にも **敵意帰属バイアス**（hostile attribution bias）とよばれるものがある。これは，他人の態度やふるまい，言動などをみて，それらに自分に対する敵意や挑発などが含まれていると誤解して捉えることである。たとえば，自分に対する他人の視線を，睨み付けてきた（ガンを飛ばしてきた）と捉えてしまい，相手とのトラブルや喧嘩沙汰の原因となる。このため，敵意帰属バイアスがある者は他者に対し，攻撃的，威圧的にふるまうことが多くなる（原田，2015；越智，2012；大渕，2006）。

1．犯罪原因論

（4） 神経生理学的要因からみた犯罪原因

　犯罪者による反社会的行動の原因として，脳の機能や構造などの問題も指摘されている。**神経犯罪学**（neuro-criminology）とよばれる研究領域では，脳の活動や構造を可視化する **PET**（Positron Emission Tomography，陽電子放出断層撮影）や **fMRI**（functional Magnetic Resonance Imaging，磁気共鳴機能画像法）などを用いて，犯罪の原因を探り，犯罪者の理解を試みている。これまでの神経犯罪学の知見によると，犯罪者は，一般人と比べ，**前頭前皮質**（Prefrontal cortex）や**扁桃体**（Amygdala）などの活動が低いことが示されている。前頭前皮質とは，欲求や感情の抑制や他人の気持ちを思いやる共感性など，我々の理性・社会性を司る領域として知られている。また扁桃体は，情動の神経中枢として知られており，対象が自分にとって有益あるいは危険なものなのかを判断し，快・不快の情動処理を決める部位である。扁桃体の活動が著しく低下すると，恐怖や不安などを感じにくい**クリューバー・ビューシー症候群**（Klüver-Bucy syndrome）になることが知られている。

　神経犯罪学の第1人者でもあるペンシルバニア大学のレイン（Raine, A.）は，殺人犯41名と，殺人犯の年齢・性別と対応した一般人41名に文字を検出する課題を行わせ，その課題遂行中における脳内のブドウ糖代謝を測定した。この課題は持続的な集中力が必要とされ，通常であれば前頭前皮質が活発に活動する。その結果，殺人犯は一般人と比べ，前頭前皮質の糖代謝が少なく，その活動が低いことが示された。

　また，シュテルツァ（Sterzer, P. et al., 2005）は，非行少年と健全な少年に情動的な画像と中性的な画像を呈示し，その時の脳の活動状況をfMRIで測定した。その結果，情動的画像呈示時において，非行少年は健全な少年よりも，扁桃体および前帯状皮質に活動低下がみられた。扁桃体の活動低下は，情動的刺激に対する感受性が低下していることを示している。前帯状皮質は前頭前皮質と接続して，感情的行動の制御にも関わる部位とみられることから，その活動抑制は衝動的行動や攻撃性を高める可能性がある。

　このように犯罪者や非行少年は，衝動的行動の抑制（前頭前皮質・前帯状皮質の活動低下）と情動的刺激の認知（扁桃体の活動抑制）の両方に問題を

抱えていることが示唆されている。

(5) 犯罪原因を総括する試み：セントラルエイト

これまでみてきたように犯罪・非行の原因には，マクロな社会学的レベルから，ミクロの神経生物学的レベルまで，さまざまなレベルの要因が影響を及ぼしている。しかしながら，これらの要因を統合して原因の説明を試みた研究は必ずしも多くはない。さまざまな犯罪原因について，その重要度を検討した研究として，カナダのアンドリューズとボンタ（Andrews & Bonta）による**メタ分析**（meta-analysis）研究がある。メタ分析という統計手法を用いれば効果量という指標によって，複数の研究を定量的に統合できる。この方法を用いて，犯罪の原因を調べたさまざまな研究の結果が分析された。その結果によると，犯罪に向かわせるリスク要因（危険因子）は，以下の8つ，①犯罪経歴，②反社会的パーソナリティ，③反社会的認知，④不良交友，⑤家庭環境・婚姻状況，⑥学校・職場での問題，⑦余暇・娯楽，⑧物質乱用（表11-2）に絞り込めるという。これらは人を犯罪や非行に向かわせる中心

表11-2　犯罪の危険因子「セントラルエイト」

危険因子	説　明
①犯罪経歴	過去の犯罪歴
②反社会的パーソナリティ	衝動性や刺激欲求特性，常態化した攻撃性，他者への共感欠如
③反社会的認知	犯罪に肯定的な，態度，価値観，信念，合理化や人格の同一性
④不良交友	犯罪志向性のある人物・反社会的傾向のある人物との交友
⑤家庭環境・婚姻状況	生まれ育った家庭環境（少年），婚姻状況（成人）に問題
⑥学校・職場での問題	学校や職場において成績や関与が低い。報酬が少なく，満足が低い
⑦余暇・娯楽	反社会的でない余暇での満足や関与が低い
⑧物質乱用	アルコールや違法薬物の使用

的な要因と考えられるので，**セントラルエイト**（central eight）とよばれており，犯罪者を更生し，再犯防止する重要な着眼点として活用されている。

2. 捜査心理学

犯罪心理学において，心理学の理論や知見を利用し，犯罪情報の管理，捜査およびその後の刑事司法プロセスの支援を目的とした研究領域を**捜査心理学**という（渡辺，2004）。経験に基づいて行われていた捜査に科学的厳密さを導入したものであり，リバプール大学のデビット・カンター教授が提唱した（渡辺，2004）。ここでは，捜査支援ツールとして知られている**ポリグラフ検査**（polygraph test）と**犯罪者プロファイリング**（offender profiling）を紹介する。

（1） ポリグラフ検査

ポリグラフ検査は，複数の生理指標を測定しながら，事件に関する質問を行い，それに伴う生理反応の変化から検査対象者の供述の真偽を確かめる心理鑑定法である。用いられる生理指標は，主に皮膚電気活動，心拍，呼吸運動などの自律神経系の指標である（図11-1）。自律神経系の指標は比較的簡便に測定できる上，文字どおり自律的に活動しているため，検査対象者が意図的に操作しにくいというメリットがある。一般的にはポリグラフ検査は「ウソ」を検出する検査であると理解されていることが多いが，実はそうで

測定の簡便性や頑健性から自律神経系の指標使用		
1	皮膚電気活動	緊急時や緊張時における指先の発汗を電気の流れやすさで測定
2	心拍	一分間あたりの心臓の拍動数測定
3	呼吸運動	呼吸に伴う吸息（吸う）と呼息（吐く）の運動を測定。随意的統制の影響あり

図 11-1　ポリグラフ検査の生理指標

はない。ポリグラフ検査は，もし検査対象者が犯人であれば保持しているであろうと考えられる，犯行時のエピソード記憶について，生理指標を用いて調べる検査であり，生理指標を用いた一種の再認記憶検査であるともいえる。

犯行時の記憶を調べるために，日本の警察は **CIT**（Concealed Information Test：**隠匿情報検査**）という質問法を用いている。CITでは，検査対象者が犯人でしか知り得ない事件の詳細を記憶しているかどうかを検査する。事件事実に合致した**裁決項目**1つと，裁決項目と同じカテゴリーではあるものの事件とは無関係な**非裁決項目**を複数呈示する形式である（**表11-3**）。裁決項目とは，犯行時に犯人がまさに見聞きしたと思われる情報であり，犯人しか知り得ない情報である。たとえば，ある民家において鏡台から現金が盗まれる事件が発生したとする。現金が置かれていた「鏡台」を裁決項目にして質問を作成すれば，非裁決項目としては，一般的に現金が保管されていることが多い「タンス」や「サイドボード」，「仏壇」，「食器棚」などが挙げられる。もし検査対象者が犯人であり，現金をどこから盗んだのかを正確に記憶していれば，裁決項目である鏡台に対しては，他のタンスやサイドボードなどの非裁決項目と弁別され，生理反応にも変化が生じる。さらに呈示する順序を変えて質問しても，一貫して裁決項目に対応して生理変化がみられるのであれば，裁決項目について認識があると判断される。実際の検査では，ほかにも現金の金額や家屋への侵入口，侵入方法，室内の状況など，複数の質問を行い，これらの質問に対しても裁決項目に一貫して反応がみられれば，その検査対象者が犯人である可能性が高いと考えられる。

表11-3　侵入窃盗の窃取場所について質問するCIT例

番号	質問項目
1	現金を盗んだのは**サイドボード**からですか？
2	現金を盗んだのは**仏壇**からですか？
③	現金を盗んだのは**鏡台**からですか？
4	現金を盗んだのは**食器棚**からですか？
5	現金を盗んだのは**タンス**からですか？

③が裁決項目。それ以外は非裁決項目

（2）犯罪者プロファイリング

　犯罪者プロファイリングとは，犯人検挙を支援するために，犯行現場における犯人の行動を分析し，未知の犯人像を捜査員に提供する手法である（岩見，2016）。犯罪者プロファイリングは米国連邦捜査局（FBI）における性的な連続殺人に関する研究プロジェクトから生まれた。連続殺人事件では，被害者は犯人と面識がない場合が多く，捜査が難航しやすい。そこでFBIでは，解決した事件について，その捜査資料の精査，また一部の者に対しては面接調査も行い，性的殺人犯の年齢や職業，学歴等の個人属性と，また被害者の特徴や襲撃方法，遺体の状態などとの関連性について分析が行われた。その結果，性的な連続殺人は，**秩序型**（organized murder）と**無秩序型**（disorganized murder）の2タイプに大別できることが明らかになった（**表11-4**，**表11-5**）。秩序型は計画的で証拠を現場に残さないタイプである。その犯人像は，知的水準が高く，専門的仕事に就いており，身なりも整っている。一方，無秩序型は，計画性が無く，多くの手がかりを現場に残したままにするタイプであり，その犯人像は，知的水準は低く，仕事に就いておらず，身なりも無頓着である。また精神障害を患っていることが多く，現場は乱雑である。この分類にしたがえば，たとえ犯行現場に残された手がかりがわずかであっても，現場の状況を観察するだけで犯人像を推定することが可能になる。しかし，FBIの犯罪者プロファイリングは画期的な試みではあったが，現実の捜査場面では，秩序型と無秩序型の双方の特徴を備えた中間型が多く，秩序型と無秩序型の枠組みのみでは完全に捉えられないという問題もあった。

　FBIの犯罪者プロファイリングに対し，英国のカンター（Canter, D.）は**統計的プロファイリング**（リバプール方式プロファイリング）とよばれる多変量解析を用いた犯罪者プロファイリングを提唱した。統計的プロファイリングの背景には，同じような犯罪行動を行う者は，同じような個人属性を備えているという仮説がある。この仮説に基づき，すでに解決した同一罪種の連続発生事件（たとえば放火や強姦，強盗，窃盗など）を多く収集して，犯人の個人属性（性別や年齢，職業，犯歴の有無等），犯行時の行動，被害者の特徴などをコード化する。こうして作成したデータセットを多変量解析

表11-4 秩序型と無秩序型の主な犯行特徴

犯行特徴	秩序型	無秩序型
犯行の計画性	計画性な犯行	偶発的な犯行
被害者との面識の有無	面識のない，自分の好みのタイプの被害者	面識のある被害者
被害者の扱い	非人間化しない	被害者を人間と見なさない非人間化
犯行現場の状況	整然としている	雑然としている
被害者の支配・服従	被害者を支配し服従を要求	被害者を突然襲う
遺体の処理	遺体を隠蔽	遺体をそのまま放置
凶器・遺留品	凶器や遺留品は残さない	凶器や遺留品を残す

越智（2009, 2012）に基づき作成

表11-5 秩序型と無秩序型の犯人像

犯行特徴	秩序型	無秩序型
知的水準	平均かそれ以上	平均以下
社会的適応	あり	なし
職業	熟練を要する職業	単純作業などの職業
出生順位	長男が多い	末子が多い
心理面の問題	パーソナリティ障害	精神疾患
婚姻状況	結婚している	独身
自家用車の有無	整備された自家用車を所有	被害者を突然襲う
事件の報道	事件報道に注目	事件報道には無関心
犯行後の変化	転職，転居	薬物使用，飲酒，宗教への傾倒

越智（2009, 2012）に基づき作成

（たとえば数量化Ⅲ類やコレスポンデンス分析，多次元尺度解析など）し，行動間の関連性や，犯罪行動と犯人属性との関連性を明らかにし，犯人の行動から犯人像を推測する。

　また，カンターは，連続事件の発生場所の分布から犯人の居住地を推定す

る**地理的プロファイリング**（geographic profiling）も開発した。犯人の居住地を絞り込めれば，事件解決に直接結びつくため，捜査側のニーズが高いツールとして注目されている。地理的プロファイリングに関する仮説として，**サークル仮説**がある。この仮説では，同一犯による犯行とみられるすべての犯行地点の中で最も離れた2点を結んだ線を直径とする円内に犯人の居住地が存在すると考える。この仮説はシンプルであり理解しやすく，簡単に推測できるという実務的メリットがある。また都市部における連続放火事件のおよそ70％においてこの仮説が成立したとの報告もある（田村・鈴木，1996）。しかし，犯行地点間の距離が遠いほど円の直径が大きくなり，それに伴って捜査対象範囲も広がってしまうというデメリットもある。地理的プロファイリングの理論には，他にもサークル仮説に従って描かれた円の中心部分に犯人の居住地があるという**円中心仮説**や，犯人は犯行発覚を恐れ，自宅付近での犯行を敬遠し，ある程度離れた場所で犯行を行うと考えられることから，犯人の自宅付近では犯行件数が少ない空間が生じるという**バッファーゾーン仮説**などがある。

3. 矯正心理学

　犯罪者・非行少年の再犯・再非行防止を目的として，**矯正教育**（対象者の犯罪傾向を改善し，社会不適応の原因を除去するなどして，社会生活に適応できる能力を付与する教育）や治療的処遇を行う上で，重要視すべきことは，将来，再び犯罪を繰り返す可能性（リスク要因）を明らかにすることである。その要因を特定し，介入することで，将来の再犯可能性を低下させられる（森，2017）。この節では，受刑者や非行少年に対し，再犯リスク要因を診断するリスクアセスメントや，効果的で実効性の高い犯罪者処遇などについて触れる。

（1）リスクアセスメント

　犯罪者の再犯リスクを診断（評価）することを**リスクアセスメント**という。ボンタとアンドリュース（Bonta & Andrews, 2016）によれば，再犯リスク

を評価するアセスメントは，過去40年の間に第4世代まで発展してきたという（原田，2015；森，2017）。**表11-6**に世代ごとの特徴を示す。

第1世代のリスクアセスメントは，専門家による臨床判断である。社会科学のトレーニングを受けた専門家が対象者と面接を行う。診断の根拠は彼らの主観や直感に基づいたものである。したがって，検証できない根拠に基づいて評価するという問題や，犯罪行動とは関連しない特徴に注意が向けられやすくなるという問題などがあり，第1世代のリスクアセスメントは正確さを欠くとされている（Bonta & Andrews, 2016）。しかしながら，第1世代のリスクアセスメントは，日本の家庭裁判所や少年鑑別所，児童相談所などで長らく中心的に用いられた方法でもある（森，2017）。

第2世代のリスクアセスメントは，保険統計の手法を利用して再犯リスクを診断するものである。保険統計とは，過去の統計データなどに基づいて，性別や年齢，既往歴や事故歴などの情報から，事故を起こす確率や死亡率などを予測する統計手法である。代表的な第2世代のリスクアセスメントツールとして，**再犯に関する統計的情報尺度**（Statistical Information on Recidivism；SIR）がある。これはカナダで用いられており，対象者の罪種や，刑の長さ，犯罪歴，年齢，施設逃走歴，再犯期間などのリスク要因を得

表11-6　再犯リスクアセスメントの世代ごとの推移

リスクアセスメントの世代	内　容
第1世代	社会科学のトレーニングを受けた専門家による臨床判断。主観や直感に基づき正確さに欠く
第2世代	保険統計の方法論に基づいた再犯リスク診断。妥当性も信頼性も高いが再犯は予測できても本人が抱える問題への対処には寄与しない。
第3世代	第2世代のリスクアセスメントに「セントラルエイト」の要因を質問項目に組み込んだもの。信頼性も妥当性も高い
第4世代	第3世代を踏襲したものであるが，犯罪処遇を総合的に管理できる機能も含み，実務でより利用しやすい。

原田（2015），森（2017）に基づき作成

点化し，その合計得点から再犯率を予測するものである（Bonta & Andrews, 2016；森，2017）。第2世代はエビデンスに基づいており，妥当性も信頼性も高いアセスメントツールである。しかしながら，質問項目（リスク要因）が本人の性別や年齢，過去の行動歴など，もはや介入できず改善を果たせないものばかりで構成されている。したがって，再犯可能性は予測できたとしても，本人を取り巻く問題や，その問題に対する対処や治療方針などの解決に必ずしも寄与できるものではない（原田，2015；森，2017）。

　第3世代は，第2世代のリスクアセスメントに，先に説明したセントラルエイトのリスク要因を組み入れたものである。代表的なものとしては，アンドリュースとボンタが作成した**サーヴィス水準目録改訂版**（Level of Service Inventory-Revised；LSI-R）が知られており，犯罪経歴や，反社会的パーソナリティ，反社会的交友関係，不良交友関係など，セントラル・エイトの要因が質問項目として含まれている（原田，2015；森，2017）。日本では法務省矯正局が開発した非行少年用の**法務省式アセスメントツール**（Ministry of Justice Case Assessment Tool；MJCA）が第3世代に相当する。MJCAは少年鑑別所入所者5,942名のデータに基づき開発されたもので52の質問項目からなる。再非行の可能性を把握できる信頼性及び妥当性の高いアセスメントツールとされている（森，2017）。

　なお，第4世代は，第3世代と実質的には同じものではあるものの，処遇プランや処遇目標の達成度の評価など，犯罪者の処遇を総合的に管理する機能が追加され，実務においてより有益になったものである（原田，2015；森，2017）。

（2）　犯罪者への復帰支援：RNRモデル

　犯罪者更生の取り組みとして，世界的なスタンダードとなったモデルに**RNRモデル**（risk need responsibility model）がある。リスク・ニード・反応モデルともよばれる。このモデルは，犯罪者処遇の効果が実証された治療方法から**3つの原則**（①**リスク原則**，②**ニーズ原則**，③**反応性原則**）を抽出したものであり，アンドリューズとボンタらにより定式化された（朝比奈，2011；原田，2015；森，2017；寺村，2016）。このRNRモデルでは，対象

者のリスク（risk），ニーズ（need），そして反応性（responsivity）の3原則に応じた処遇こそが最大の再犯抑止効果をもたらすと考える。

3原則のうち，リスク原則とは，再犯リスクの高い対象者には，密度（期間，頻度，内容）の高い処遇を実施し，逆に再犯リスクの低い対象者に対しては短期間で最低限度の処遇に留めるという原則である。この原則に従わなければ，効果が得られないばかりか，逆に再犯を促す結果をもたらすとされる（たとえば，再犯リスクの低い者に対し高密度の処遇を行った場合）。またリスク原則に従えば，高リスク者には手厚い治療を実施し，低リスク者にはほどほどの治療を行うことになるので，限られた治療資源（スタッフ数や予算など）を効率的に配分できるというメリットもある。

ニーズ原則とは，治療対象者が抱える問題のうち，再犯を誘発する要因に直接働きかけを行うという原則である。すでに説明したセントラルエイトのうち，犯罪歴（過去の行いは治療によっても変えられないので）を除いた7つの要因に焦点をあてた治療を行うことが望まれている。

最後に，反応性原則とは，治療方法に関する原則であり，対象者にとって効果のある治療法を実施するという原則である。過食や喫煙などのさまざまな問題行動に対しては，認知の修正や問題解決場面でのスキル修得が高い効果をもたらすとされていることから，犯罪行動の変容にも，認知の修正やロールプレイによるスキル修得などの認知行動療法が有効だと考えられている（p.180参照）。

(3) 日本における矯正処遇

▶ **刑事施設と矯正施設**

日本では**刑務所**，**少年刑務所**及び**拘置所**を**刑事施設**と総称しており，法務省が所管している。刑務所及び少年刑務所は受刑者を収容し，処遇を行う施設であり，拘置所は主として刑事裁判が確定していない未決拘禁者を収容する施設である（法務省，2014）。なお，これらに**少年院**や**少年鑑別所**などを含めると**矯正施設**とよばれる（井田，2005）。

▶ **矯正処遇の内容**

矯正処遇とは再犯を防止するために，対象者が抱える問題改善を目的とし

た教育や指導，治療などのことである。具体的には ①**作業**，②**改善指導**および ③**教科指導**の3つの柱がある（**表 11-7**）。作業とは，受刑生活の中心となるものであり，物品の製作や加工を行う生産作業，刑事施設の維持に必要な炊事・洗濯などの自営作業，職業訓練などがある（西田，2016）。作業を中心とした規律正しい生活や日課などを通じて，社会生活に適応できる生活習慣，また職業的知識・技能を付与し，円滑な社会復帰促進をはかる。②の改善指導は，受刑者に犯罪の責任を自覚させ，社会生活に適応するのに必要な知識や生活態度を習得させるために行われている。すべての受刑者を対象とした一般改善指導（たとえば被害者や遺族の心情を理解させ，自らの行いを反省させるなど）と，特定の事情を有する受刑者に行われる特別改善指導がある。特別改善指導には薬物に依存がある受刑者を対象にした薬物依存離脱指導，暴力団員を対象にした暴力団離脱指導，性犯罪受刑者などを対象にした性犯罪再犯防止指導などがある。この性犯罪再犯防止指導では，認知行動療法に基づいて標準化された再犯防止プログラムが実施されている。③の教科指導では，義務教育を終了していない者や学力が十分でない者に対し，小学校または中学校の教科の内容に準ずる内容や，高校または大学の教科に準ずる内容を指導し，円滑な社会復帰や改善更生をはかるものである（法務省，2014）。

▶ **効果的な治療教育：認知行動療法**

すでに述べた通り，犯罪者には「誰にも迷惑をかけていないからいいじゃ

表 11-7　日本における矯正処遇の3つの柱

矯正処遇	内容
作業	物品の製作や加工を行う生産作業，刑事施設の維持に必要な炊事・洗濯などの自営作業，職業訓練など
改善指導	受刑者に犯罪の責任を自覚させ，社会生活に適応するのに必要な知識や生活態度を習得させるためのもの。被害者や遺族の心情理解，順法精神などの指導
教科指導	義務教育を終了していない者や学力が十分でない者に，小学校または中学校の教科の内容に準ずる内容などを指導

ないか」，「薄着の女性は男を誘っている」といったような認知の歪み（価値観や考え方）や受け止めた情報の解釈に偏りがしばしばみられる。このような歪んだ認知によって反社会的行動が引き起こされており，認知やそれに伴う行動を修正する認知行動療法が犯罪者に対する有効な治療法であると考えられている。認知行動療法とは，認知の再構成やモデリング，ロールプレイ，ポジティブフィードバックなどの技法で構成されており，認知を修正することで適切な行動や感情を身につけることを目的とした心理技法である（藤岡，2007）。RNRモデルの反応性原則においても，認知行動療法の有効性が指摘されているが，現在，日本の矯正施設や保護観察所などで行われている再犯防止プログラムにも，認知行動療法の理論に基づいたものが増えつつある。

◀ 章末問題 ▶

11.1 犯罪原因論における社会的要因の代表的理論についてそれぞれ説明し，現在の日本の社会状況についても当てはまるのか，もし当てはまるのであれば，各理論に基づいた犯罪予防策について考えよう。

11.2 ここ数年，高齢者犯罪が社会問題化しつつある。高齢者がなぜ犯罪を行うのか，社会的絆理論に基づいて説明せよ。

11.3 警察で行われているポリグラフ検査について，記憶の観点からその原理を説明せよ。

11.4 効果的な犯罪者の更生にはどのような視点が必要か。RNR原則に基づいて説明せよ。

◀ 参考文献 ▶

Bartol C. R. & Bartol A. M. (2005). *Criminal Behavior: A psychosocial approach.* 7th ed., New Jersey: Pearson Education, inc. （羽生和紀（監訳）横井幸久・田口真二（編訳）（2006）．犯罪心理学―行動科学のアプローチ 北大路書房）

藤岡淳子（編）（2007）．犯罪・非行の心理学　有斐閣

萩野谷俊平・倉石宏樹・花山愛子・小林正和・細川豊治・杉本貴史（2017）．地理的プロファイリングの精度比較　心理学研究, *88*(2), 123-131.

生島　浩（2003）．非行臨床の焦点　金剛出版

鴨下守孝・松本良枝（編集代表）（2009）．改訂　矯正用語事典　東京法令出版

3. 矯正心理学

松浦直己（2015）．非行・犯罪心理学―学際的視座からの犯罪理解　明石書店

日本犯罪心理学会（編）（2016）．犯罪心理学事典　丸善出版

越智啓太（2009）．犯罪心理学がよくわかる本　秀和システム

越智啓太（2012）．Progress & Application　犯罪心理学　サイエンス社

大渕憲一（2006）．犯罪心理学―犯罪の原因をどこに求めるのか　培風館

矢島正見・丸　秀康・山本　功（編著）（2009）．よくわかる犯罪社会学入門　学陽書房

鈴木はる江（2009）．感覚と情動から心身相関を考える　心身健康科学, $5(1)$, 8-14.

渡邉和美（2004）．プロファイリングによる捜査支援　渡辺昭一（編）　捜査心理学（pp.90-100）　北大路書房

山口雅敏・植田　満・小栗正幸（2007）．WAIS-Rで査定された認知特性と心理要因との関係―非行少年を対象とした実証的研究　LD研究, $16(1)$, 73-83.

引用文献

■1章

氏原　寛・杉原保史（編）（1998）．臨床心理学入門―理解と関わりを深める　培風館

■4章

Atkinson, R. C., & Shiffrin, R. M. (1968). Human memory: A proposed system and its control processes. In K. W. Spence & J. T. Spence (Eds), *The psychology of learning and motivation: II.* Oxford, England: Academic Press.

Carmichael, L., Hogan, H. P., & Walter, A. A. (1932). An experimental study of the effect of language on the reproduction of visually perceived form. *Journal of experimental Psychology, 15 (1)*, 73-86..

Fiske, S. T., & Taylor, S. E. (1984). *Social cognition (1st ed.)*. Reading, MA: Addison-Wesley.

Kahneman, D. (2011). *Thinking, Fast and Slow*. Farrar Statues & Giroux.（村井章子(訳)（2012）．ファスト＆スロー　あなたの意思はどのように決まるか？　早川書房）

高良加代子・箱田裕司（2008）．見慣れた日常物体の記憶における誤情報効果：　新千円札の記憶による検討　（HCG　シンポジウム）．電子情報通信学会技術研究報告．HIP，ヒューマン情報処理，107(553)，19-24．

井上　毅（1995）．画像的記憶　森　敏昭・井上　毅・松井孝雄　グラフィック心理学（pp.101-110）　サイエンス社

伊東裕司（2008）．自己と記憶　太田信夫(編著)　記憶の心理学（pp.134-148）　日本放送出版協会

Jaynes, J. (2000). *The origin of consciousness in the breakdown of the bicameral mind.* Boston, MA：Houghton Mifflin Harcourt.（柴田裕之(訳)　神々の沈黙　意識の誕生と文明の興亡　紀伊國屋書店）

松川順子（2000）．非言語情報の記憶　太田信夫・多鹿秀継(編著)　記憶研究の最前線（pp.101-124）　北大路書房

Nickerson, R. S., & Adams, M. J. (1979). Long-term memory for a common object. *Cognitive Psychology, 11*, 287-307.

Tulving, E., & Thomson, D. M. (1973). Encoding specificity and retrieval processes in episodic memory. *Psychological review, 80(5)*, 352-373.

相良守次（1960）．図解　心理学　光文社

■5章

今田　寛・宮田　洋・賀集　寛（編）（2007）．心理学の基礎　三訂版　培風館

加藤　司（2007）．心理学の基礎―新しい知見とトピックスから学ぶ―　樹村房

下山晴彦（2007）．認知行動療法―理論から実践的活用まで　金剛出版

Thorndaike, E. L. (1898). Animal intelligence: An experimental study of the associative processes in animals. *Psychological Review. Monograph Supplements, 2*, No.8.

■6章

Damasio, A.（2005）. *Descartes' Error: Emotion, Reason and the Human Brain.* London: Penguin Books（田中三彦（訳）　デカルトの誤り―情動，理性，人間の脳　ちくま学芸文庫）

Ekman, P.（1972）. Universals and Cultural Differences in Facial Expressions of Emotions. In Cole, J.（Ed.）, *Nebraska Symposium on Motivation*（pp.207-282）. Lincoln, NB: University of Nebraska Press.

Ekman, P., & Friesen, W. V.（1975）. *Unmasking The Face: A guide to recognizing emotions from facial expressions.* CA: Malor Books.（工藤　力（訳）　表情分析入門―表情に隠された意味をさぐる　誠信書房）

Ellsworth, P. C.（1994）. William James and emotion: is a century of fame worth a century of misunderstanding? *Psychological review, 101*, 222-229.

藤田和生（2007）. 感情科学― Affective science　京都大学学術出版会

今田純雄・北口勝也（2015）. 動機づけと情動（現代心理学シリーズ 4）　培風館

今田純雄・中村　真・古満伊里（2018）. 感情心理学―感情研究の基礎とその展開（心理学の世界　基礎編 11）（pp.66-67）　培風館

LeDoux, J. E.（1996）. *The Emotional Brain: The Mysterious Underpinnings of Emotional Life.* NY: Simon & Schuster.（松本　元・小畑邦彦・湯浅茂樹・川村光毅・石塚典生（訳）　エモーショナル・ブレイン―情動の脳科学　東京大学出版会）

Oatley, K., Keltner, D., & Junkins, J. M.（2006）. *Understanding emotions*: 2nd ed. Blackwell.

Schachter, S., & Singer, J.（1962）. Cognitive, social, and physiological determinants of emotional state. *Psychological Review, 69*, 379-399.

Zajonc, R. B.（1984）. On the primacy of affect. *American Psychologist, 39(2)*, 117-123.

■7章

Baron-Cohen, S., Leslie, A., & Frith, U.（1985）. Does the autistic child have a 'theory of mind?' *Cognition, 21*, 37-46.

■8章

Allport, G. W., & Odbert, H. S.（1936）. Trait-names: A psycho-lexical study. *Psychological Monographs, 47 (1)*, i-171.

安藤寿康（2017）. 行動の遺伝学―ふたご研究のエビデンスから　日本生理人類学会誌, *22*, 107-112.

原　仁・望月由美子・山下規容子（1986）. 乳幼児の気質　小児内科, *18*, 1033-1038.

稲垣由子（2006）. 乳幼児期における心の育ち　母子保健情報, *54*, 47-52.

岩内一郎（1986）．新パブロフ学派の高次神経活動の型と Eysenck の向性次元（10）—Pavlov の類型研究の展開　広島女学院大学論集，*36*，35-55.

Mischel, W., & Shoda, Y. (1995). A cognitive-affective system theory of personality: Reconceptualizing situations, dispositions, dynamics, and invariance in personality structure. *Psychological Review, 102(2)*, 246-268.

縄田健悟（2014）．血液型と性格の無関連性―日本と米国の大規模社会調査を用いた実証的論拠　心理学研究，*85*，148-156.

菅原ますみ（1996）．気質　青柳　肇・杉山憲司（編著）　パーソナリティ形成の心理学（pp.22-34）　福村出版

詫摩武俊・瀧本孝雄・鈴木乙史・松井　豊（2003）．性格心理学への招待　改訂版―自分を知り他者を理解するために―　サイエンス社

Thomas, A., & Chess, S. (1977). *Temperament and development.* New York: Brunner/Mazel.

Thomas, A., & Chess, S. (1980). *The dynamics of psychological development.* New York: Brunner/Mazel.（林　雅次（監訳）（1981）．子供の気質と心理学的発達　星和書店）

■ 10 章

Adam, H., Obodaru, O., Lu, J. G., Maddux, W. W., & Galinsky, A. D. (2018). The shortest path to oneself leads around the world: Living abroad increases self-concept clarity. *Organizational Behavior and Human Decision Processes, 145,* 16-29.

Adams, G., & Markus, H. R. (2016). Culture As Patterns: An Alternative Approach to the Problem of Reification. *Culture & Psychology, 7(3)*, 283-296.

Allen, M. W., Sik Hung Ng, Ikeda, K., Jawan, J. A., Anwarul Hasan Sufi, Wilson, M., & Yang, K. S. (2007). Two Decades of Change in Cultural Values and Economic Development in Eight East Asian and Pacific Island Nations. *Journal of Cross-Cultural Psychology, 38(3)*, 247-269.

Arnett, J. J. (2008). The neglected 95%: Why American psychology needs to become less American. *American Psychologist, 63(7)*, 602-614.

Bialystok, E., & Craik, F. (2010). Cognitive and linguistic processing in the bilingual mind, *Current Directions in Psychological Science, 19(1)*, 19-23.

Chang, E. C., & Asakawa, K. (2003). Cultural variations on optimistic and pessimistic bias for self versus a sibling: Is there evidence for self-enhancement in the West and for self-criticism in the East when the referent group is specified? *Journal of Personality and Social Psychology, 84(3)*, 569-581.

Diamond, J. (1997). *Guns, Germs And Steel: A Short History of Everbody for the Last 13000 Years.* New York: W. W. Norton.

Draganski, B., Gaser, C., Busch, V., Schuierer, G., Bogdahn, U., & May, A. (2004) Changes in grey matter induced by training. *Nature, 427*(6972), 311-312.

Fincher, C. L., Thornhill, R., Murray, D. R., & Schaller, M. (2008). Pathogen prevalence predicts human cross-cultural variability in individualism/collectivism. Proceedings of the Royal Society B: *Biological Sciences, 275*(1640), 1279-1285.

Geertz, C. (1973). *The Interpretation of Cultures*. New York: Basic Books.

Grossmann, I., & Varnum, M. E. W. (2015). Social structure, infectious diseases, disasters, secularism, and cultural change in America. *Psychological Science, 26*, 311-324.

Hamamura, T. (2011). Are cultures becoming individualistic? A cross-temporal comparison of individualism-collectivism in the United States and Japan. *Personality and Social Psychology Review, 16(1)*, 3-24.

Herskovits, M. J. (1948). *Man and His Works: The science of cultural anthropology*. New York: Alfred A. Knopf.

Heine, S. J., Lehman, D. R., Markus, H. R., & Kitayama, S. (1999). Is there a universal need for positive self-regard? *Psychological Review, 106(4)*, 766-794.

Hitokoto, H., Glazer, J., & Kitayama, S. (2016). Cultural shaping of neural responses: Feedback-related potentials vary with self-construal and face-priming. *Psychophysiology, 53*, 52-63.

Hitokoto, H., & Uchida, Y. (2017). Interdependent happiness: Progress and implications. In. Demir, M., & Sümer, N. (Eds.), *Close Relationships and Happiness across Cultures* (pp.19-39). New York: Springer.

Hofstede, G. H. (2001). *Culture's consequences: Comparing values, behaviors, institutions and organizations across nations* (2nd ed.). Thousand Oaks: Sage.

Hofstede, G., & Hofstede, G. J. (2005). *Cultures and Organizations: Software of the Mind, second edition*. London/New York: McGraw-Hill.

Inglehart, R., Foa, R., Peterson, C., & Welzel, C. (2008). Development, Freedom, and Rising Happiness: A Global Perspective (1981-2007). *Perspectives on Psychological Science, 3(4)*, 264-285.

Kitayama, S., Akutsu, S., Uchida, Y., & Cole, S. W. (2016). Work, meaning, and gene regulation: Findings from a Japanese information technology firm. *Psychoneuroendocrinology, 72*, 175-181.

Kroeber, A.L., & Kluckhohn. C. (1952). *Culture: A critical review of concepts and definitions*. New York: Random House.

Maddux, W. W., & Galinsky, A. D. (2009). Cultural borders and mental barriers: The relationship between living abroad and creativity. *Journal of Personality and Social Psychology, 96(5)*, 1047-1061.

Maguire, E. A., Woollett, K., & Spiers, H. J. (2006). London taxi drivers and bus drivers: A structural MRI and neuropsychological analysis. *Hippocampus, 16 (12)*, 1091-1101.

Markus, H. R., & Conner, A. (2013). *Clash!: How to thrive in a multicultural World*. New York: Plume.

Markus, H. R., & Kitayama, S. (1991). Culture and the self: Implications for cognition,

emotion, and motivation. *Psychological Review, 98(2)*, 224-253.
Mead, M.（1953）. *The Study of Culture at a Distance*. Chicago: University of Chicago Press.
Morris, M. W., & Peng, K.（1994）. Culture and cause: American and Chinese attributions for social and physical events. *Journal of Personality and Social Psychology, 67(6)*, 949-971.
Nisbett, R. E., Peng, K., Choi, I., & Norenzayan, A.（2001）. Culture and systems of thought: Holistic versus analytic cognition. *Psychological Review, 108(2)*, 291-310.
Norasakkunkit, V., & Uchida, Y.（2014）. To conform or to maintain self-consistency? Hikikomori risk in Japan and the deviation from seeking harmony. *Journal of Social and Clinical Psychology, 33(10)*, 918-935.
Ogihara, Y.（2018）. The Rise in Individualism in Japan: Temporal Changes in Family Structure, 1947-2015. *Journal of Cross-Cultural Psychology, 49(8)*, 1219-1226.
Oishi, S., & Uskul, A. K.（2018）. *Socio-Economic Environment and Human Psychology: Social, Ecological, and Cultural Perspectives*. London: Oxford University Press.
Proulx, T., Heine, S. J., & Vohs, K. D.（2010）. When Is the Unfamiliar the Uncanny? Meaning Affirmation After Exposure to Absurdist Literature, Humor, and Art. *Personality and Social Psychology Bulletin, 36(6)*, 817-829.
Schwartz, S. H.（1994）. Are There Universal Aspects in the Structure and Contents of Human Values? *Journal of Social Issues, 50(4)*, 19-45.
Talhelm, T., Zhang, X., Oishi, S., Shimin, C., Duan, D., Lan, X., & Kitayama, S.（2014）. Large-Scale Psychological Differences Within China Explained by Rice Versus Wheat Agriculture. *Science, 344*(6184), 603-608.
Tylor, E. B.（1871）. *Primitive Culture*. New York : Harper.
Taylor, S. E., & Brown, J. D.（1988）. Illusion and well-being: a social psychological perspective on mental health. *Psychological Bulletin, 103(2)*, 193-210.
Triandis, H. C.（1972）. *The analysis of subjective culture*. Oxford, England: Wiley-Interscience.
内田由紀子（2016）．文化　北村英哉・内田由紀子（編）社会心理学概論（pp.249-268）ナカニシヤ出版
Wilson, W. R.（1967）. Correlates of avowed happiness. *Psychological Bulletin, 67(4)*, 294-306.

■ 11章
朝比奈牧子（2011）．加害者処遇制度と心理学の役割　越智啓太・藤田政博・渡邉和美（編）　法と心理学の事典（pp.460-463）　朝倉書店
朝比奈牧子（2011）．犯罪者・非行少年の処遇—加害者臨床—　越智啓太・藤田政博・渡邉和美（編）　法と心理学の事典（pp.498-499）　朝倉書店

Bonta, J., & Andrews, D. A. (2016). *The psychology of criminal conduct*. Routledge.
原田隆之（2015）．入門　犯罪心理学　筑摩書房
法務省（2014）．刑事施設（刑務所・少年刑務所・拘置所）　Retrieved from http://www.moj.go.jp/kyousei1/kyousei_kyouse03.html（October 13, 2018）
井田　良（2005）．基礎から学ぶ刑事法　第3版　有斐閣
岩見広一（2016）．犯罪者プロファイリング　日本犯罪心理学会（編）　犯罪心理学事典（pp.220-221）　丸善出版
飯柴政次（1990）．組織犯罪対策マニュアル―変貌する暴力団にいかに対処するか　有斐閣
熊上　崇（2016）．知能と犯罪　日本犯罪心理学会（編）　犯罪心理学事典（pp.82-83）　丸善出版
松浦直己（2015）．非行・犯罪心理学―学際的視座からの犯罪理解　明石書店
松浦直己・橋本俊顯・宇野智子（2005）．少年院における心理的特性の調査― LD・AD/HD等の軽度発達障害の視点も含めて．LD研究，*14*(1), 83-92.
森　丈弓（2017）．犯罪心理学―再犯防止とリスクアセスメントの科学　ナカニシヤ出版
西田篤史（2016）．受刑者処遇の流れ　日本犯罪心理学会（編）　犯罪心理学事典（pp.398-399）　丸善出版
越智啓太（2005）．犯罪心理学の対象とその展望　越智啓太（編）　犯罪心理学（pp.1-8）　朝倉書店
越智啓太（2011）．犯罪心理学　越智啓太・藤田政博・渡邊和美（編）　法と心理学の事典（pp.108-109）　朝倉書店
越智啓太（2012）．Progress & Application　犯罪心理学　サイエンス社
大渕憲一（2006）　犯罪心理学―犯罪の原因をどこに求めるのか―　培風館
田村雅幸・鈴木　護（1996）．連続放火の犯人像分析―犯人居住地に関する円仮説の検討　科学警察研究所報告防犯少年編，*38*(1), 13-25
Palmer, E. J. (2012). Psychological approaches to understanding crime Davies, G. M., & Beech, A. R. (Eds.), *Forensic psychology: Crime, justice, law, interventions.* (2nd ed., pp.17-35). John Wiley & Sons.
Raine, A. (2013). *The anatomy of violence: The biological roots of crime*. Vintage.（高橋　洋（訳）（2015）．暴力の解剖学　神経犯罪学への招待　紀伊國屋書店
Sterzer, P., Stadler, C., Krebs, A., Kleinschmidt, A., & Poustka, F. (2005). Abnormal neural responses to emotional visual stimuli in adolescents with conduct disorder. *Biological psychiatry, 57* (1), 7-15.
清水大輔（2016）．知能検査　日本犯罪心理学会（編）　犯罪心理学事典（pp.356-359）　丸善出版
寺村堅志（2016）．施設内処遇におけるRNRモデル　日本犯罪心理学会（編）　犯罪心理学事典（pp.378-381）　丸善出版
渡辺昭一（2004）．心理学と犯罪捜査のかかわり　渡辺昭一（編）　捜査心理学（pp.1-6）　北大路書房

索　引

◆人　名

アイゼンク（Eysenck, H. J.）　115
アーノルド（Arnold, M.）　85
アリストテレス（Aristoteles）　113
ヴェルトハイマー（Wertheimer, M.）　6
ウォルピ（Wolpe, J.）　78
ヴント（Wundt, W.）　5
エインズワース（Ainsworth, M. D. S.）　103
エクマン（Ekman, P.）　89
エビングハウス（Ebbinghaus, H.）　3, 56, 111
エルズワース（Ellsworth, P. C.）　86
オールポート（Allport, G. W.）　112
ガザニガ（Gazzaniga, M. S.）　90
カーマイケル（Carmicheal, L）　60
ガルシア（Garcia, J.）　69
カールスミス（Carlsmith, J. M.）　136
ガレノス　113
カンター（Canter, D.）　174
北山（Kitayama, S.）　150
キャッテル（Cattell, R.）　117
クラックホーン（Kluckhohn, C.）　148
グレイ（Gray, J. A.）　119
クレッチマー（Kretschmer, E.）　113
クロニンジャー（Cloninger, C. R.）　120
ケーラー（Köhler, W.）　6, 77
ケリー（Kelly, G.）　122
コスタ（Costa, P. T.）　117
コフカ（Koffka, K.）　6
ザイアンス（Zajonc, R. B.）　86
サザーランド（Sutherland, E. H.）　165
ジェームズ（James, W.）　5
ジェラード　142
シェリフ（Sherif, M.）　141
シェルドン（Sheldon, W. H.）　114
ジャニス（Janis, I.）　144
シュプランガー（Spranger, E.）　115
シュロスバーグ（Schlosberg, H.）　92
ジョーンズ（Jones, M. C.）　78
ジョン・ロック（Locke, J.）　125
スキナー（Skinner, B. F.）　73
ストレラウ（Strelau, J.）　115
セリグマン（Seligman, M. E. P.）　69
ソーンダイク（Thorndike, E. L.）　5, 69
ダーウィン（Darwin, C.）　88
ダマシオ（Damasio, A.）　91
チェス（Chess, S.）　125
チャルディーニ（Cialdini, R. B.）　137
テオプラストス　111
ドイッチ　142
トーマス（Thomas, A.）　125
トムキンス（Tomkins, S.）　89
トリアンディス（Triandis, H. C.）　149
ハーシ（Hirschi, T.）　166
ハイダー　136
パヴロフ（Pavlov, I.）　5
バッドレイ（Baddeley, A. D.）　51, 62
パブロフ（Pavlov, I. P.）　66, 114
パペッツ（Papez, J）　87
バンデューラ（Bandura, A.）　77
ピアジェ（Piaget, J.）　99
ヒポクラテス（Hippocrates）　113
フェスティンガー（Festinger, L.）　135
フロイト（Freud, S.）　6
ボウルビィ（Bowlby, J.）　102
ホフステード（Hofstede, G. H.）　149
マーカス（Markus, H. R.）　150
マクリーン（MacLean, P. D.）　87
マクレー（McCrae, R. R.）　117
ミシェル（Mischel, W.）　122
ミラー（Miller, G. A.）　50
ユング（Jung, C. G.）　115
ラザルス（Lazarus, R. S.）　85
ラタネ（Latané, B.）　143
ラッセル（Russell, J. A.）　92
ルドゥー（Le Doux, J. E.）　90
レヴィン（Lewin, K.）　6
ロンブローゾ（Lombroso, C.）　164
ワトソン（Watson, J. B.）　5, 68, 97, 124

◆数字・欧文

16PF　117
BAS　120
Big Five　117
BIS　120
BIS/BAS 理論　120
CAPS　123
CIT　173
fMRI　170
GSR　119
HEXACO モデル　118
NEO-PI-R　117
PET　170
PM 理論　145
Rep テスト　123
RNR モデル　178
TCI　120

◆あ 行

アイコニック・メモリ　49
愛着　166
アイデンティティ（自我同一性）　106
アーカイブデータ分析　20
アタッチメント（愛着）　102
扱いやすい子　127
アノミー理論（緊張理論）　165
暗順応　33
閾下知覚　44
維持リハーサル　50
一卵性双生児　127
遺伝環境論争　124
意味記憶　51
意味的プライミング効果　54
意味ネットワークモデル　53
色の恒常性　37
印象形成　132
隠匿情報検査　173
氏か育ちか　125
運動の錯視　42
易動性　114
エクマン・ラッセル論争　94
エコイック・メモリ　49
エピソード記憶　52
エンジンがかかりにくい子　127
円中心仮説　176
黄胆汁質　113
大きさの恒常性　37
奥行きの知覚　37
音韻ループ　51

◆か 行

外向性　117
改善指導　180
学習障害　108
学習性無力感　75
学習説　97
学習の準備性　69
隔世遺伝　164
覚醒水準　119
角膜　29
家系研究　125
形の恒常性　37
価値観　150
活性化拡散モデル　53
活動型　114
感覚　29
感覚運動期　99
感覚記憶　49
感覚遮断　43
環境閾値説　97
観察学習　77
観察法　20
感情　83
干渉説　56
顔面フィードバック現象　90
記憶の多重貯蔵モデル　49
幾何学的錯視　41
気質　111
拮抗条件づけ　78
機能分析　73
規範信念　166
規範的影響　142
気分　83
基本感情　89
基本的帰属のエラー　133
記銘　47
逆向干渉　57
ギャング・グループ　105
嗅覚　32
教科指導　180
強化スケジュール　74
矯正教育　176
矯正施設　179
矯正処遇　179
協調性　121
協調的自己　152
共通特性　117
強度　114
共同注意　100
近接性　139
具体的操作期　99
クリューバー・ビューシー症候群　88, 170
群化　35
経験説　97
経験への開放性　117
形式的操作期　100
刑事施設　179
継時的安定性　121
系統的脱感作法　78
刑務所　179
系列位置曲線　54
系列位置効果　54
血液型パーソナリティ説　129
限局性学習症　108

言語性知能　168
検索　46
検索失敗説　56
減衰説　56
コア・アフェクト　93
語彙的アプローチ　117
5因子モデル　117
虹彩　30
拘置所　179
行動遺伝学　127
行動主義　68
行動賦活系　120
行動療法　78
幸福感　155
黒胆汁質　113
心の理論　101
固執　121
個人差　111
個人主義-集団主義　151
個人的構成概念　122
個人特性　117
誤信念課題　101
古典的条件づけ　66, 114

◆さ 行

再生法　48
再認法　48
再犯に関する統計的情報尺度　177
最頻値　23
サーヴィス水準目録改訂版　178
作業　180
作業記憶　51
サークル仮説　176
錯覚的輪郭　43
残効　33
シェイピング　74
視覚　29
視空間スケッチパッド　51

試行錯誤学習　70
自己開示　139
自己参照効果　62
自己志向性　121
自己生成　62
自己中心性　99
自己超越　121
視床　87
視床下部　87
辞書的アプローチ　117
視神経　31
自尊心　154
実験法　16
実証主義　16
質問紙法　18
自閉スペクトラム症　108
社会生態学的心理学　157
社会的参照　101
社会的手抜き　143
社会的認知　131
社会的微笑　100
弱型　114
従属変数　21
集団規範　141
集団極性化　144
縦断研究　126
集団浅慮　144
周辺特性　132
周辺ルート　138
主観的文化　149
循環気質　113
順向干渉　57
状況論　121
条件刺激　67
条件づけ　114
条件反射　114
条件反応　67
硝子体　30
情動　83
衝動型　114
衝動性　119
少年院　179

少年鑑別所　179
少年刑務所　179
情報的影響　142
初頭効果　55
処理水準理論　48
人格　111
新奇性探究　121
新近効果　55
神経症傾向　117, 118
神経伝達物質　121
神経犯罪学　170
新パブロフ学派　114
信頼性　26
心理的離乳　106
水晶体　30
スキナー箱　73
スキーマ　60
スキャモンの発達曲線　98
ステレオタイプ　129, 134
図と地　34
ストレンジ・シチュエーション法　103
性格　111
誠実性　117
成熟説　97
精神病傾向　119
生態学的妥当性　58
精緻化見込みモデル　138
精緻化リハーサル　50
生得説　97
制度的手段　165
正の強化　71
正の罰　71
生来性犯罪者説　164
生理的微笑　100
セロトニン　121
前眼房　29
宣言的記憶　51
前帯状皮質　156
前頭前皮質　170
セントラルエイト　171

相関分析　24
想起　46
相互作用説　97
相互作用論　121
捜査心理学　172
双生児法　127
ソーシャル・サポート　140
ソーシャル・スキル・トレーニング　79
ソーマティック・マーカー　91
損害回避　121

◆た　行

第一次反抗期　105
体液病理説　113
体型　113
対象の永続性　99
対人魅力　139
第二次反抗期　106
大脳辺縁系　88, 118
代理強化　77
多義図形　43
多血質　113
脱中心化　100
妥当性　26
多変量解析　25
単一要因説　97
短期記憶　49
単純接触効果　139
知覚　29
知覚恒常性　36
秩序型　174
知能　127
チャンク　50
注意欠如・多動症（ADHD）　108
中央制御部　51
中央値　23
中心特性　132
中心部－周辺部勾配　98
中心ルート　138

中枢起源説（キャノン＝バード説）　84
聴覚　31
長期記憶　49
調和性　117
貯蔵　46
地理的プロファイリング　176
チン小帯（毛様小帯）　30
通状況的一貫性　122
月の錯視　41
敵意帰属バイアス　169
手続き的記憶　51
ドア・イン・ザ・フェイス・テクニック　137
道具的条件づけ　70
統計的プロファイリング　174
統合　98
瞳孔　29
動作性知能　168
洞察学習　77
投資　166
闘士型　114
統制理論　166
同調　142
頭部－尾部勾配　98
特性　116
特性論　115
独立的自己　152
独立変数　21
ドーパミン　121

◆な　行

内向性－外向性　118
内的作業モデル　103
二次障害　109
二重符号化理論　46
ニーズ原則　178
日常記憶研究　58
二要因説（シャクター＝シンガー説）　84
二卵性双生児　127
人間－状況論争　121
人間白紙説（タブラ・ラーサ）　125
認知革命　123
認知－感情パーソナリティシステム理論　123
認知行動療法　80, 181
認知的倹約家　59, 133
認知的なラベルづけ　85
認知的評価　85
認知的不協和　135
認知発達　98
認知面接　48, 63
ネガティビティ・バイアス　133
粘液質　113
粘着気質　114
脳波　119
ノルアドレナリン　121

◆は　行

場所法　62
パーソナリティ　110
パーソナリティ障害　168
パーソナル・コンストラクト　122
罰　120
発達障害　107
バッファーゾーン仮説　176
バランス理論　136
ハロー効果（光背効果）　134
般化　67
犯罪者プロファイリング　172
反社会性パーソナリティ障害　168
反応性原則　178
皮質　118

非宣言的記憶　52
ビッグファイブ　118
皮膚電気反射　119
肥満型　113
ヒューリスティック
　　　133
標準偏差　23
表面感覚　32
不安　119
腹内側前頭前野　91
符号化　46
符号化特殊性原理　46
フット・イン・ザ・ドア・
　　　テクニック　137
負の強化　71
負の罰　71
プロセス・ロス　144
分化　98
文化　148
　　──の次元　151
文化的症候群　149
分化的接触理論　165
文化的目標　165
分裂気質　113
平穏型　114
平均値　23
平衡性　114

β運動　40
ペルソナ　112
扁桃体　88, 170
忘却曲線　56
報酬　120
報酬依存　121
法務省式アセスメントツー
　　　ル　178
保持　47
保存　99
ポリグラフ検査　172

◆ま 行
前操作期　99
巻き込み　166
マジカルナンバー7　50
末梢起源説（ジェームズ＝
　　　ランゲ説）　84
味覚　32
味覚嫌悪学習　69
三つ山課題　99
無意味綴り　56
無条件刺激　67
無条件反応　67
難しい子　127
無秩序型　174

明順応　33
メタ分析　171
面接法　19
網膜　31
模倣　77

◆や 行
役割構成概念レパート
　　　リー・テスト　123
痩せ型　113
誘導運動　40
四気質説　113
四元素説　113
四体液説　113

◆ら 行
ラザルス・ザイアンス論争
　　　86
リスクアセスメント
　　　176
リスク原則　178
リーダーシップ　145
リハーサル　50
類型論　112
類似性　139

著者略歴

佐藤 基治（さとう もとはる）[1, 3章担当]

現 在 福岡大学人文学部教授
（認知心理学, 交通心理学）

大上 渉（おおうえ わたる）[4, 11章担当]

現 在 福岡大学人文学部教授
（認知心理学, 犯罪心理学）

一言 英文（ひとこと ひでふみ）[5, 6, 10章担当]

現 在 関西学院大学文学部准教授
（比較文化心理学, 文化心理学, 感情心理学）

縄田 健悟（なわた けんご）[2, 7, 9章担当]

現 在 福岡大学人文学部准教授
（社会心理学, 集団心理学, 組織心理学）

箕浦 有希久（みのうら ゆきひさ）[8章担当]

現 在 佛教大学教育学部講師
（パーソナリティ心理学, 感情心理学）

© 佐藤基治・大上 渉・一言英文
縄田健悟・箕浦有希久　2019

2013年11月29日　初版発行
2019年3月20日　改訂版発行
2024年2月28日　改訂第6刷発行

心理学 A to B

著 者　佐藤基治
　　　　大上　渉
　　　　一言英文
　　　　縄田健悟
　　　　箕浦有希久
発行者　山本　格

発行所　株式会社　培風館
東京都千代田区九段南4-3-12・郵便番号 102-8260
電話(03)3262-5256(代表)・振替 00140-7-44785

港北メディアサービス・牧 製本
PRINTED IN JAPAN

ISBN 978-4-563-05253-9 C3011